Jean Georges d'Hoste

TOUT
VERSAILLES

Préfacé par
DANIEL MEYER
Conservateur en Chef au Musée National
des Châteaux de Versailles et de Trianon

185 Illustrations en couleurs

Photographies par
GIANNI DAGLI ORTI

PREMIER ÉTAGE

1 — CHAPELLE ROYALE
2 — OPÉRA ROYAL

3 — SALON D'HERCULE
4 — SALON DE L'ABONDANCE
5 — SALON DE VÉNUS
6 — SALON DE DIANE
7 — SALON DE MARS
8 — SALON DE MERCURE
9 — SALON D'APOLLON

10 — SALON DE LA GUERRE
11 — GALERIE DES GLACES
12 — SALON DE LA PAIX

13 — CHAMBRE DE LA REINE
14 — CABINET DE LA MÉRIDIENNE
15 — BIBLIOTHÈQUE
16 — CABINET INTÉRIEUR DE LA REINE
17 — SALON DES NOBLES
18 — ANTICHAMBRE DE LA REINE
19 — SALLE DES GARDES DE LA REINE

20 — SALLE DU SACRE
21 — SALLE DE 1792
22 — ESCALIER DES PRINCES
23 — GALERIE DES BATAILLES

24 — SALLE DES GARDES DU ROI
25 — ANTICHAMBRE DU GRAND COUVERT
26 — SALON DE L'ŒIL-DE-BŒUF
27 — CHAMBRE DU ROI
28 — CABINET DU CONSEIL

29 — PETITE CHAMBRE DU ROI
30 — CABINET DE LA PENDULE
31 — CABINET DES CHIENS
32 — DEGRÉ DU ROI
33 — SALLE À MANGER DES RETOURS DE CHASSE
34 — CABINET INTÉRIEUR DU ROI
35 — ARRIÈRE CABINET
36 — PIÈCE DE LA VAISSELLE D'OR
37 — BIBLIOTHÈQUE DU ROI
38 — SALLE DES PORCELAINES
39 — BILLARD
40 — SALON DES JEUX

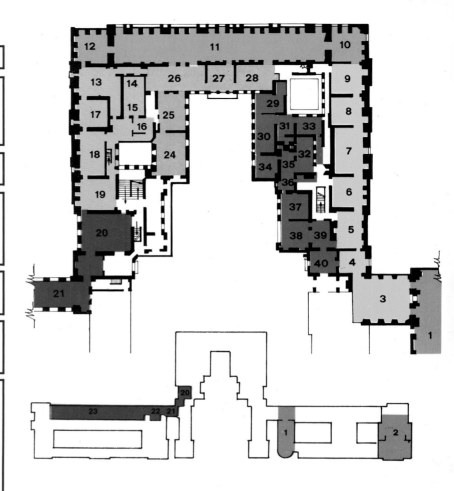

REZ-DE-CHAUSSÉE

L'APPARTEMENT DU DAUPHIN
1 — 1ère ANTICHAMBRE DE LA DAUPHINE
2 — 2nde ANTICHAMBRE DE LA DAUPHINE
3 — GRAND CABINET DE LA DAUPHINE
4 — CHAMBRE DE LA DAUPHINE
5 — CABINET INTÉRIEUR DE LA DAUPHINE
6 — BIBLIOTHÈQUE DU DAUPHIN
7 — GRAND CABINET DU DAUPHIN
8 — CHAMBRE DU DAUPHIN
9 — 2nde ANTICHAMBRE DU DAUPHIN
10 — 1ère ANTICHAMBRE DU DAUPHIN
11 — SALLE DES GARDES DU DAUPHIN

L'APPARTEMENT DE MARIE-ANTOINETTE
12 — CHAMBRE DE LA REINE
13 — VESTIBULE LOUIS XIII
14 — SALLE DE BAIN DE LA REINE

LES APPARTEMENTS DE MESDAMES
15 — 1ère ANTICHAMBRE DE MADAME VICTOIRE
16 — SALON DES NOBLES DE MADAME VICTOIRE
17 — GRAND CABINET DE MADAME VICTOIRE
18 — CHAMBRE DE MADAME VICTOIRE
19 — CABINET INTÉRIEUR DE MADAME VICTOIRE
20 — BIBLIOTHÈQUE DE MADAME VICTOIRE
21 — CABINET INTÉRIEUR DE MADAME ADELAÏDE
22 — CHAMBRE DE MADAME ADELAÏDE
23 — GRAND CABINET DE MADAME ADELAÏDE

24 — ESCALIER LOUIS-PHILIPPE
25 — SALLE DES HOQUETONS

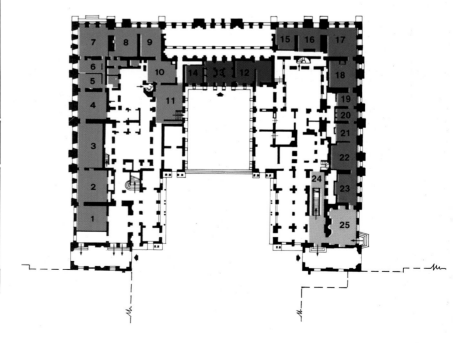

Visite guidée

PREFACE

Versailles est ce que l'on appelle maintenant, un peu vulgairement, un Musée-Château. Musée car il n'est plus habité dans ses parties principales, Château parce qu'il fut conçu pour être une demeure. Si l'on étudie Versailles de plus près, il est en fait un Musée et un Château, l'un et l'autre selon les parties de l'édifice que l'on considère. Château, c'est sa vocation première: maison de plaisance de Louis XIII et du jeune Louis XIV, siège du Gouvernement et demeure principale de Louis XIV murissant, de Louis XV et de Louis XVI. La Révolution de 1789 et le retour violent de la Famille Royale à Paris le 6 Octobre de cette même année ont arrêté la vie d'un palais qui ne vécût tel que nos rêveries l'imaginent qu'un peu plus de cent ans. Après la Révolution, rien ne put le réanimer, malgré la volonté affirmée et les travaux de Napoléon Ier et de Louis XVIII.

Musée est sa vocation seconde que lui imprima Louis-Philippe quand il s'aperçut que seule une dédicace à toutes les Gloires de la France le sauverait de l'abandon. Au risque de détruire certains aspects raffinés de la maison des Bourbon, ses ancêtres, celui que l'on appela le Roi-Citoyen fit de Versailles le premier musée de portraits du monde et le principal musée d'Histoire de France.

Les passions s'étant, avec le temps, peu à peu apaisées, les Conservateurs ont, depuis le début de ce siècle, cherché à remonter le temps et ont progressivement réuni les deux acceptions de Musée et de Château en un seul terme, celui de Musée-Château, c'est à dire de Château, certes transformé en Musée, mais apte à montrer aux descendants de ceux qui en chassèrent leurs maitres légitimes ce que fut la vie de ces grands souverains ayant marqué l'apogée de notre pays.

La chance veut que la fin du XVIIème siècle et le XVIIIème siècle soient les périodes les plus glorieuses de l'art décoratif français. La tentation est donc forte de retrouver les meubles et de retisser les tentures qui ornèrent les appartements de nos Rois. Est-ce possible? En partie seulement, étant donné l'hémorragie causée par les ventes révolutionnaires. Est-ce souhaitable? Ce n'est pas à ceux qui ont en charge les travaux de réaménagement à en juger. Le danger est de négliger les salles consacrées à notre histoire certes transformées, en dehors de quelques points forts comme la Galerie des Batailles, depuis la création du Musée en 1837.

Le public est en même temps avide d'exactitude et désireux de rêve. L'exactitude, il la trouvera avec la sécheresse chronologique de ce que l'on nommait autrefois les galeries historiques. Le rêve, il le vivra en parcourant les appartements où il pensera rencontrer le Roi-Soleil dans la Galerie des Glaces ou Marie-Antoinette au Petit-Trianon!

Cependant, pour cette apprehension d'un domaine aussi vaste, le visiteur doit être guidé. La rédaction d'un ouvrage où illustrations et texte se partagent la place est difficile à réaliser. Jean Georges d'Hoste s'est attaché à faire coincider ses descriptions avec les images. Il a voulu parfois, et on lui en saura gré, des explications exhaustives et c'est le cas pour la Galerie des Batailles où presque chaque peinture est racontée dans son contexte anecdotique. On lui saura également gré d'avoir, en certains cas, insisté sur l'origine de certaines appellations comme celle de Dauphin ou d'avoir donné un bref aperçu chronologique ou généalogique justifiant l'état des appartements.

Enfin on lui sera reconnaissant d'avoir souligné qu'entre la rédaction et la "sortie" de son livre, quelques changements ont pu intervenir dans les oeuvres exposées.

C'est par toutes ces qualités que l'album que nous avons le plaisir de préfacer répondra, nous l'espérons, aux attentes des différentes sortes de "publics" qui se pressent tout au long de l'année pour pénétrer dans ce qui reste le plus merveilleux palais jamais conçu.

DANIEL MEYER
Conservateur en Chef au Musée National
des Châteaux de Versailles et de Trianon

En haut à gauche, Versailles vers 1664 par Adam-François van der Meulen. En bas, vue de Versailles et des ses jardins en 1668 par Pierre Patel.

Le château en 1722 dans une peinture de Pierre-Denis Martin.

VERSAILLES AU TEMPS DES ROIS

Versailles. Le prestige attaché à ce nom est universel. Henri IV qui venait chasser sur ces terres, et son fils, Louis XIII, qui y fera élever un rendez-vous de chasse, en 1623, ne savent pas qu'ils sont à l'origine de l'un des monuments les plus prestigieux de la France.

Grand chasseur, comme tous les Bourbons, Louis XIII achètera les terres entourant son pavillon, d'abord des lopins puis, en 1632, toute la seigneurie qui appartenait à la famille Gondi, venue de Florence à la suite de Catherine de Médicis. A partir de cette date, le roi remodèlera la construction primitive pour en faire un petit château de brique et de pierre entouré de fossés. Tout de suite, seront tracés les jardins et une pompe actionnée par un cheval alimentera ceux-ci en eau.

C'est autour de ce noyau que s'élabo-

rera le château que nous voyons actuellement.

En 1643, Louis XIII meurt et il ne sera plus question de constructions nouvelles ni d'améliorations pendant presque vingt ans. Le jeune Louis XIV viendra chasser parfois sur ces terres, puis rendra le château complice de ses amours avec Louise de la Vallière. Enfin, en 1661, il commence des travaux qui dureront une grande partie de son long règne; d'abord des transformations intérieures, puis générales en 1666.

Colbert avait préparé dès longtemps la chute du surintendant Fouquet; son arrestation qui suivit la fête donnée à Vaux le 17 août 1661 ne fut pas causée par l'envie que le roi dut vivement ressentir et dissimuler devant les fastes étalés sous ses yeux. Les meilleurs artistes du temps avaient été appelés pour l'ornementation de

ce château: Le Vau, Le Brun, Le Nôtre, Molière, La Fontaine, Scarron... artistes que nous retrouverons tous bientôt à Versailles.

Certains accuseront Louis XIV de mégalomanie, d'orgueil demesuré, nous pensons plutôt que le jeune roi avait dû murir le projet de la construction du château de Versailles dans un but politique, renforcé de vues économiques pour employer un terme de notre temps. Il n'oubliera jamais non plus la Fronde qui le fit coucher sur la paille dans Saint-Germain, froid et désert; il n'oubliera pas cette dernière révolte des grands feudataires contre le pouvoir central et décidera de tenir haute la bride à ces fauteurs de troubles. Pour les attirer, les ruiner aussi, il faut une Cour luxueuse, un beau château.

D'autre part il aime cette terre de Versailles, il est jeune, il a une haute

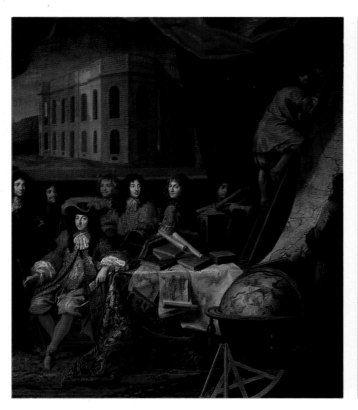

idée de son "métier de roi" et considère son pays comme le plus beau du monde. Il faut concrétiser l'image de cette grandeur. Et d'abord renoncer aux apports étrangers qui épuisent les devises françaises: depuis François Ier, et jusqu'à Mazarin, la France emprunte, principalement à l'Italie, son art et s'empare de ses artistes. On construira français et le rayonnement sera tel que la France deviendra, et restera pour longtemps, le pays du bon goût.

Toute la France travaillera pour Versailles. Sur ordre du roi seront créées différentes Académies qui seront à l'origine d'une véritable renaissance de l'art français. Par exemple, les glaces de la Grande Galerie furent fabriquées à la Manufacture royale des glaces, créée par Colbert en 1665, qui fusionna avec la Manufacture de Tourlaville et donna lieu à la création des ateliers de Saint-Gobain; l'édit royal réorganisant les Gobelins date de 1667 et le roi tiendra de véritables expositions des créations de la Manufacture dans l'Appartement; les carrières de marbre de Saint-Béat, dans les Pyrénées, fermées depuis l'époque romaine, seront rouvertes: elles sont encore en activité; Louis XV, de son côté, pré-

sentera les productions des manufactures de porcelaines de Vincennes et de Sèvres dans son appartement privé, encourageant la vente; ce même roi relancera les soieries de Lyon en difficulté en passant de fortes commandes pour la reine...

Mais revenons en arrière, le nombre des ouvriers qui travaillent au château est énorme, en 1683 on en dénombre 30 000; Dangeau, dans son Journal, en compte 36 000 le 31 mai 1685; il en manque toujours et c'est à ses troupes que le roi aura recours pour certains terrassements dont ceux nécessités par l'Orangerie et son bassin.

Durant tout son règne, Louis XIV verra des chantiers autour de lui, devra s'accomoder du bruit et de la poussière des constructions; les courtisans aussi, avec un enthousiasme moindre! Le Nôtre se met à l'œuvre, le roi veut un beau parc où il donnera, en l'honneur de Louise de la Vallière, la fête des Plaisirs de l'île enchantée, en 1664. Le Vau enveloppe le château de brique de Louis XIII, crée deux avant-corps sur les jardins encadrant une terrasse à l'italienne à la place de laquelle sera construite, plus tard, la Galerie des Glaces. Le Vau meurt en 1670; un de

A gauche, établissement de l'Académie des sciences et fondation de l'Observatoire en 1666-1667, détail d'un tableau d'Henri Testelin (1616-1690).

Louis XIV par Antoine Coysevox (1640-1720). Dans ce buste juvénile, la pureté des traits est accompagnée d'une somptueuse perruque qui retombe en flots sur les épaules.

Louis XV par Pierre-Adrien Gois (1731-1823). Le "plus bel homme de France" prend la pose.

Louis XVI par Jean-Antoine Houdon (1741-1828). Ce buste met en évidence les traits principaux de la personnalité du roi: bonté, mais aussi mollesse, irrésolution et une certaine amertume. Qualités et défauts d'un homme simple qui donnèrent sa chance à la Révolution.

ses élèves, François Dorbay, poursuit les travaux; Hardouin-Mansart, devenu premier architecte du roi, prend la relève en 1678; Le Brun est chargé de la décoration intérieure. Colbert, toujours présent, toujours agissant, renâcle un peu et paye. On construit les deux ailes du Midi et du Nord (1678-1689); l'Opéra en 1768-1769.

La plus grande difficulté fut de trouver assez d'eau pour alimenter les fontaines aux 1 400 jets consommant 62 000 hectolitres par heure. On fait venir l'eau de la Bièvre par un aqueduc, elle se révélera vite insuffisante; on repère différents étangs, des réservoirs sont construits. Les fontainiers se prodiguent en inventions, enfin est créée la machine de Marly. Elle ne suffira pas et le roi entreprend des travaux pour utiliser l'eau de la Seine et l'eau de l'Eure, mais l'énormité des travaux, pourtant commencés, feront renoncer à l'entreprise.

A la fin de son règne, Louis XIV peut être satisfait de son œuvre, il a donné à la France le plus beau château du monde. Sous les règnes de ses successeurs, Versailles ne verra pas de grands changements à part des remaniements intérieurs importants.

La Révolution est aux portes: le 5 octobre 1789 le peuple de Paris marche sur Versailles, l'envahit et ramène la famille royale à Paris. En 1793, après la chute de la Monarchie, le mobilier du château est mis à l'encan, les œuvres d'art sont envoyées au Louvre.

Napoléon n'aime pas Versailles, le château se dégrade peu à peu. Le père du peintre Delacroix pense qu'il faudrait le démolir et "y passer la charrue". C'est Louis-Philippe qui le fera restaurer, en partie à ses frais, et le "donnera" à la France comme musée historique.

Pendant la guerre de 1870, les Allemands s'y installent; puis ce sera le tour de l'Assemblée Nationale jusqu'en 1879. Après la Première Guerre mondiale, l'aide d'un riche mécène américain sauve le château. Depuis, des efforts incessants entrepris par tous les conservateurs qui s'y sont succédé tendent à restituer à Versailles un peu de son passé.

Versailles c'est aussi l'histoire du peuple français; chaque architecture, chaque ornementation, chaque meuble, tapisserie, nous parlera des hommes à l'ouvrage pour édifier ce palais "A toutes les Gloires de la France".

Jeux de lumière sur les grilles et les façades du château.

La statue de Louis XIV nous accueille à l'entrée.

Versailles aujourd'hui - L'énorme masse du château et surout la grande quantité de galeries, de salles d'apparat, d'appartements privés, et les jardins, sans oublier les Trianons, demandent évidemment un certain temps pour qui veut acquérir une connaissance approfondie du palais des derniers rois de France.

L'Administration du Musée a prévu différentes possibilités, différents circuits. Par ailleurs, il arrive que des salles soient fermées pour toutes sortes de raisons, nettoyage, réfections, restaurations, etc... ou ouvertes seulement par roulement.

Dans ce guide, nous avons tenté de suivre un ordre logique qui ne sera pas nécessairement celui dans lequel le visiteur verra les salles; cependant notre ouvrage couvre pratiquement tout ce qui est visible au château à ce jour.

Il peut arriver qu'à la lumière de nouvelles études, ou à la suite d'arrivages, la Direction du Musée déplace certains meubles, tableaux ou objets, toujours dans l'esprit de donner une meilleure idée de l'ambiance dans laquelle se déroulait la vie au château. Nos lecteurs ne s'étonneront donc pas de ces possibles changements. Malgré ces inconvénients, nous sommes sûrs que la visite sera des plus enrichissantes et que notre ouvrage, que nous avons voulu clair et le plus précis possible, sera un instrument utile à tous.

LA CHAPELLE ROYALE

De la Cour Royale, nous entrons dans le palais, à droite; nous nous trouvons dans un vaste vestibule à colonnes ioniques, face au bas-relief de Nicolas et Guillaume Coustou représentant Louis XIV passant le Rhin. A droite, une haute porte nous introduit dans la Chapelle Royale.

Consacrée à Saint Louis, la chapelle fut commencée en 1700 par Jules Hardouin-Mansart (1646-1708), l'un des architectes les plus brillants de son époque. D'une famille de bâtisseurs, fils d'un peintre, il fut élu à l'Académie à l'âge de vingt-neuf ans et devint rapidement Premier Architecte et Surintendant des Bâtiments; Versailles lui doit en grande partie son aspect actuel. Il édifia cette chapelle non loin de la précédente devenue, dans sa partie haute, le Salon d'Hercule et s'entoura des meilleurs artistes du moment: les sculpteurs Nicolas et Guillaume Coustou, Laurent Magnier, René Fré-

min, François-Antoine Vassé, le peintre François Lemoyne, tous liés à ce que la France possédait de plus profondément talentueux et inspiré.

C'est une belle pierre blanche provenant d'une carrière de Créteil qui fut choisie par le roi bien que l'architecte eût préféré des marbres polychromes; de larges baies contribuent à donner à l'ensemble une luminosité joyeuse et quelque peu surréelle. Si les piliers massifs du rez-de-chaussée rassemblent une décoration composée d'anges portant les attributs de la Passion et des objets de culte, le premier étage voit de belles colonnes cannelées aux chapitaux corinthiens soutenir un entablement supportant une voûte sur laquelle Antoine Coypel (1661-1722), influencé par Le Brun dans sa recherche de l'expressivité mais aussi par les Italiens, représenta *Dieu annonçant la venue du Messie*. Les architectures de cette voûte sont peintes par Philippe

Meusnier, spécialiste du genre. Au-dessus de l'autel, dans la voûte en cul-de-four, une *Résurrection du Christ* par Charles de Lafosse (1636-1716) élève de Le Brun qui vécut en Italie et notamment à Venise où il acquit ce goût de la couleur et du mouvement qui le préserva de l'académisme. Le maître-autel étale la richesse de ses bronzes dorés grâce à Corneille Van Clève (1645-1732) et le buffet d'orgue est de Robert Cliquot, qui fut l'un des plus grands facteurs d'orgues français. Au sol, un pavement aux larges dessins de marbre de différentes couleurs; au milieu de la nef, les armes royales.

Montons au premier étage par un escalier en colimaçon. Le roi et la reine assistaient à la messe des petites loges en encorbellement situées dans la tribune; le roi était à gauche, la reine à droite; les dames prenaient place dans la galerie et les courtisans étaient au rez-de-chaussée. Chacun suivait la messe tourné vers le roi. Louis XIV, qui était très pieux, exigeait un maintien rigide et le silence. Ainsi, les offices devaient sembler bien longs aux dames qui venaient surtout pour se faire voir du roi. Un jour, Brissac, le major des Gardes, fit annoncer que le roi ne viendrait pas à la messe. Aussitôt, presque toutes les dames présentes se retirèrent; mais il s'agissait d'une ruse, quand le roi arriva, il fut bien étonné de voir la chapelle vide...

A la mort d'Hardouin-Mansart, en 1708, c'est son beau-frère, Robert de Cotte, qui termina la chapelle, laquelle fut inaugurée le 5 juin 1710. Peu après, le 7 juillet, un premier grand mariage devait réunir la Cour, celui du duc de Berry, petit-fils du roi, avec Mademoiselle, fille du duc d'Orléans. D'autres mariages y furent célébrés, celui du Dauphin Louis, fils de Louis XV, qui ne régna pas, et de ses enfants; le futur Louis XVI avec Marie-Antoinette d'Autriche par une belle journée de printemps: le 16 mai 1770; celui du comte de Provence, futur Louis XVIII avec Louise de Savoie, en 1771, et celui du comte d'Artois, dernier roi de France sous le nom de Charles X, en 1773, avec Marie-Thérèse de Savoie.

Les chevaliers de l'Ordre du Saint-Esprit tenaient là leurs grandes cérémonies et de nombreux Te Deum y furent chantés en remerciement des victoires. Nous sommes donc en présence d'un haut lieu des manifestations religieuses de la monarchie française.

En haut Dieu le Père annonçant au monde la venue du Messie, *détail de la voûte.*
En bas, le maître-autel et le grand retable de bronze de Van Clève.
Ci-contre, la voûte peinte par Coypel.

L'OPÉRA ROYAL

C'est seulement sous Louis XV que les spectacles musicaux purent se dérouler dans un cadre adéquat, et quel cadre! Ange-Jacques Gabriel (1698-1782) commença en 1768, à 70 ans, l'édification de cette salle, dont la réalisation ne demanda que vingt-et-un mois et fut prête et inaugurée pour le mariage du Dauphin Louis, futur Louis XVI.

Premier opéra de forme ovale, à l'acoustique parfaite grâce à sa construction entièrement exécutée en bois peint à l'imitation du marbre, il pouvait recevoir 750 spectateurs lors des concerts ou des représentations d'opéra. Louis XV renonça à une grande loge d'apparat, préférant trois petites loges grillées. Une machinerie exceptionnelle permettait de soulever le parterre au niveau de la scène; la fosse d'orchestre était alors couverte et le théâtre se transformait en une élégante salle de bal ou de banquet.

La scène, la plus grande de France après celle de l'Opéra de Paris qui ne sera terminé qu'un siècle plus tard, est profonde de 26 m et a 22 m de large.

La décoration en bois fut exécutée par le sculpteur Augustin Pajou (1730-1809).

La toile qui orne encore aujourd'hui le plafond fut peinte par Louis-Jean-Jacques Durameau (1733-1798), peintre du roi et conservateur des tableaux de la Couronne en 1783. Elle représente *Apollon offrant des couronnes aux hommes s'étant distingués dans les Arts*. Le dernier banquet fut donné le 2 octobre 1789 en l'honneur du régiment de Flandre appelé par Louis XVI pour protéger le château et ses occupants; mais la Révolution devait balayer régiment, gardes, tapis, miroirs, fauteuils... En 1871 cette salle devait devenir le siège de l'Assemblée Nationale: les murs déjà dégradés à l'époque de Louis-Philippe furent recouverts de badigeon, la toile de Durameau roulée au fond de la scène et remplacée par une verrière. En 1952, une restauration générale fut entreprise nous restituant l'éclat incomparable des bleus, des roses, des ors d'une salle unique, l'ensemble étant d'une parfaite harmonie avec ses beaux lustres et son rideau de scène brodé d'or aux armes du roi.

Mais le coût des représentations était ruineux: l'éclairage de la salle, à lui seul, nécessitait pas moins de 3 000 bougies! et on essayait de l'utiliser le moins possible. Toutefois il fut ouvert lors des visites de souverains étrangers, pour les grands bals-parés, et l'on y donnera des opéras français, principalement de Gluck et de Rameau.

L'intérieur de l'Opéra royal. En haut à droite, la loge royale.

Le Salon d'Hercule. A droite, détail du plafond de François Lemoyne.

LE GRAND APPARTEMENT

Le Salon d'Hercule - Situé à côté du vestibule de la Chapelle, c'est le premier salon que nous rencontrons avant d'entrer dans le Grand Appartement. Robert de Cotte (1656-1735), une fois terminés les travaux de la Chapelle, en entreprit la décoration. Fils, frère puis père d'architectes de grand renom, Robert était devenu architecte du roi à 31 ans et directeur des Gobelins dix ans après, afin de restituer à l'illustre manufacture fermée depuis quelques années à cause de la pénurie d'argent, l'éclat qu'elle avait du temps du précédent directeur: Charles Le Brun.

La décoration de ce grand salon, destiné aux réceptions, fut interrompue durant quelques années et reprise en 1725. On est tout de suite frappé par les beaux pilastres de marbre rouge aux chapiteaux en bronze doré créant une impression de majestueuse somptuosité. La cheminée est surmontée d'un tableau de Véronèse, *Eliézer et Rébecca* auquel fait face un second tableau du même auteur, le *Déjeuner chez Simon*, qui occupe toute la paroi. Louis XIV aimait beaucoup les peintres italiens, en particulier Véronèse et Titien; la République de Venise lui offrit ce dernier en 1664.

Mais c'est le plafond qui attirera finalement notre attention; il s'agit en effet de l'une des plus belles réalisations du genre. Le peintre, François Lemoyne, eut besoin de trois années entières pour en couvrir les 315 m^2, puis se suicida, épuisé et neurasthénique, quelques mois après.

Nous y voyons représentée *l'Apothéose d'Hercule*: en tout plus de cent quarante personnages, répartis en différents secteurs, figurant les dieux de l'Olympe et quelques *Vices* et *Vertus*. Jupiter sur son nuage reçoit Hercule, tenant fermement sa massue en main, lui présentant Hébé, déesse de la Jeunesse pour épouse. On reconnaît, non loin, Diane avec son croissant de lune et Vénus et les amours qui, naturellement, devaient participer à un si joyeux événement...

Le Salon de l'Abondance. Dans un angle, un beau meuble
de Boulle et un portrait de Louis XV par Van Loo.
Ci-dessus, détail du plafond peint par Houasse: l'Abondance
distribuant ses dons.

Le Salon de l'Abondance - Beaucoup plus restreint dans ses dimensions que le Salon d'Hercule, le Salon de l'Abondance commence la série des six salons en enfilade donnant sur le Parterre du Nord, composant le Grand Appartement.

Ce salon abritait une partie des Collections du roi Louis XIV qui sont à présent au Louvre et donnait accès au *Cabinet des Médailles et des Raretés* par la porte que nous apercevons, face à la fenêtre. Sous Louis XVI il devint Salon des Jeux du Roi. Sur les murs, recouverts d'un beau velours de Gênes vert, sont posés le portrait du Grand Dauphin, fils de Louis XIV, et des deux fils de celui-ci, le duc d'Anjou, qui deviendra roi d'Espagne sous le nom de Philippe V, et son frère le duc de Bourgogne, père de Louis XV, par Rigaud; un autre tableau par J.-B. Van Loo représente le roi Louis

XV. Le plafond est peint par René Antoine Houasse (1645-1710) élève de Le Brun, auquel Louis XIV fit souvent appel pour les décorations de Versailles et du Trianon. Le sujet représenté ici est *la Magnificence Royale*, Magnificence que nous retrouvons peinte en camaïeu d'or sur fond de faux marbre dans un médaillon placé au-dessus de la porte. Les deux médailliers, en ébène et cuivre enrichi de bronzes dorés aux reliefs accusés, sont d'Alexandre Jean Oppenordt (1639-1715). Cet ébéniste français travailla pour la Manufacture Royale des Gobelins et créa douze cabinets de ce type pour Versailles. C'était un émule de Boulle (1642-1732) qui avait créé un type de meubles marquetés d'écaille et de cuivre sur ébène. Encadrant les portes, quatre bustes en bronze patiné sur des supports en gaine qui faisaient partie des collections du roi.

Le Salon de Vénus. Ci-contre, détail de la décoration des boiseries avec l'emblème du soleil symbolisant la puissance du roi. Au-dessous, une main de justice et le sceptre royal.

Le Salon de Vénus - Ce salon fut dans un premier temps l'antichambre du Grand Appartement. C'est dans cette pièce qu'aboutissait l'Escalier des Ambassadeurs qui, ayant besoin d'importantes et coûteuses réparations, fut détruit sous Louis XV et remplacé par un autre escalier qui donne dans le Salon d'Hercule.

Au plafond nous voyons *Vénus couronnée par les Grâces* par Houasse. La déesse de l'Amour enchaîne dans ses guirlandes de fleurs les divinités que nous voyons à ses pieds: Mars, Vulcain, Bacchus, Neptune et Jupiter. Dans les angles, quelques couples célèbres: Jason et Médée, Bacchus et Ariane, César et Cléopâtre et enfin Titus et Bérénice.

Allongeant l'ovale central, deux camaïeux sur fond or: *Europe enlevée par Jupiter* et *Amphitrite sur son char attelé à un dauphin.*

Dans les voussures du plafond nous reconnaissons *Auguste et les jeux du cirque, Nabuchodonosor et Sémiramis, Roxane et Alexandre* et *Cyrus s'armant pour délivrer une princesse.*

Sur la paroi du fond, dans une niche, une statue de Louis XIV par Jean Warin (1604-1672). Le roi, vêtu en costume romain antique, est entouré d'attributs guerriers, bouclier, casque, cuirasse, et s'appuie sur un bâton de commandement. Deux belles peintures de perspectives ont été réalisées sur les murs latéraux par Jacques Rousseau qui est aussi l'auteur de deux statues en trompe-l'œil que l'on peut voir entre les fenêtres.

Vue du Salon de Diane qui servait de salle de billard au temps de Louis XIV. Ci-contre, le Salon de Mars avec ses précieuses toiles de maîtres.

Le Salon de Diane - Dès que l'on entre dans ce salon on a le regard attiré par le buste du roi Louis XIV sculpté par Bernin. Si le roi n'aima pas sa statue à cheval, faite par cet artiste et qui fut réléguée au fond de l'Orangerie, peut-être lui préféra-t-il cette œuvre qui le représente à vingt-sept ans, le regard fier, décidé; un pan de son vêtement, qui le recouvre avec désinvolture, se retourne sur l'épaule gauche comme soulevé par le vent, contribuant à donner à cette image du roi une expression de force vivante et juvénile.

La peinture placée au-dessus de la cheminée, *Diane enlevant Iphigénie*, est de Charles de Lafosse. En face, une gracieuse *Iphigénie vient trouver Endymion* de Gabriel Blanchard (1630-1704). Au plafond: *Diane présidant à la chasse et à la navigation* par Blanchard; dans les voussures, *Jason et les Argonautes* et *Alexandre chassant le lion* sont de Charles de Lafosse tandis que *Cyrus chassant le sanglier* et *César envoyant une colonie romaine à Carthage* sont de Claude Audran (1639-1684).

Ce salon était réservé au billard, jeu dans lequel Louis XIV était, paraît-il, très habile.

Le Salon de Mars - Le nom de cette pièce la destinait à servir de Salle des Gardes; le soir elle se transformait en Salon de Musique.

Mars sur son char au centre du plafond, par Audran, est accompagné de *la Terreur, la Cruauté et l'Epouvante s'emparant des puissances de la Terre* par Houasse. Les riches voussures sont aussi peintes par Audran. Dans la frise, au-dessous de la corniche, on peut voir des casques et différents trophées guerriers.

Quelques beaux tableaux décorent ce salon: au-dessus de la cheminée *le Roi David* par le Dominiquin, tableau qui se trouvait dans la chambre du roi Louis XIV; à gauche *la Famille de Darius* par Le Brun, à droite *les Pèlerins d'Emmaüs* d'après Véronèse. Sur la paroi de droite *Louis XV à la guerre* par Carl Van Loo; en face, toujours par Van Loo, *Marie Leszczynska en grand costume de Cour* portant les bijoux de la Couronne. Le sol est recouvert d'un magnifique tapis de la Savonnerie.

Ci-dessus, le Salon de Mercure. A droite, le Salon d'Apollon avec le portrait de Louis XVI en costume de sacre.

Le Salon de Mercure - Ce salon dédié à Mercure fut, dans un premier temps, la chambre de parade du roi. Le grand lit était placé face aux fenêtres derrière un balustre pesant une tonne d'argent massif exécuté par les orfèvres Alexis Loir et Villers aux Gobelins; ce balustre sera fondu, comme les autres pièces de mobilier, et la vaisselle d'or et d'argent, pour subvenir au déficit de la Monnaie en décembre 1689.

Au plafond, *Mercure sur son char tiré par des coqs* par Jean-Baptiste de Champaigne (1631-1681). Dans les voussures *Alexandre recevant une ambassade d'Indiens*, *Ptolémée s'entraînant avec des savants*, *Auguste recevant une ambassade d'Indiens* et *Alexandre faisant apporter à Aristote des animaux étrangers*.

Sur les parois, Louis XV en costume de sacre; en face, Marie Leszczynska son épouse. Deux autres portraits de ces souverains ornent cette pièce.

Le Salon d'Apollon - Ce salon servait de Salle du Trône, c'est pourquoi on en avait tant soigné la décoration. Le grand trône de Louis XIV en argent, haut de 2,60 m, était placé sur une estrade recouverte d'un tapis de Perse à fond d'or. Il fut remplacé au XVIIIe siècle par un trône en bois doré, lui aussi disparu. Il était devant la tapisserie tissée d'or et d'argent que l'on voit face aux fenêtres; les trois pitons servant à soutenir le dais sous lequel il était placé, sont encore visibles. Le plafond est peint par Charles de Lafosse et représente *le Char du Soleil*, claire allusion à la puissance royale. Dans les voussures, *les Quatre Parties du Monde*. Mais ce qui attirera surtout notre attention c'est l'autorité avec laquelle s'impose dans ce salon la présence du roi dans ce beau portrait peint par Rigaud en 1703.

Le roi, qui a alors soixante-trois ans et dont la vie a été jusque-là une alternance de succès éclatants et de revers profonds, affiche l'expression même de la majesté.

Ce salon était réservé à la musique et à la danse les soirs de réception.

Raccourci sur le Salon de la Guerre.

LE SALON DE LA GUERRE

Au fond du Grand Appartement, formant l'angle des façades nord et ouest, se trouve le Salon de la Guerre. Jules Hardoun-Mansart en entreprit la construction à partir de 1678 et c'est Le Brun qui en termina la décoration en 1686.

Les parois sont revêtues de lambris de marbre vert et blanc jusqu'à l'entablement servant de corniche aux voussures du plafond en coupole. Ce qui nous frappe en entrant est évidemment le large médaillon en stuc de Coysevox qui occupe l'une des parois. Le roi Louis XIV est représenté en costume à l'antique avec une perruque bouclée lui retombant sur les épaules, la main droite portant le bâton de commandement. Indifférent, son cheval foule les ennemis tombés à terre. *La Gloire* représentée sous les traits d'une jeune femme s'appuyant sur un obélisque élève symboliquement la main au-dessus du monarque. Au-dessus du médaillon deux renommées ailées célébrant le roi, l'une avec sa trompette, l'autre lui tendant une couronne de laurier; au-dessous, deux prisonniers sont enchaînés. Sur le rideau de la fausse cheminée, un bas relief nous montre Clio, muse de l'Histoire, écrivant les hauts faits du souverain. Cet ensemble à la gloire du roi est très impressionnant.

Dans les voussures en demi-lune du plafond, sous des ciels orageux sont représentés différents pays vaincus par Louis XIV, et Bellone, déesse de la guerre. Dans les angles: les armes de France entourées de symboles guerriers, surmontés d'anges encadrant le soleil. Sur la coupole du plafond Le Brun a représenté *la France victorieuse* tenant les foudres, un portrait lauré du roi sur son bouclier. Les chutes d'armes, les trophées, sont merveilleusement ciselés; les portes et les fausses portes sont recouvertes de petits miroirs montés sur cuivre, décoration que nous retrouvons dans le Salon de la Paix et annonçant celles de la Grande Galerie.

LA GALERIE DES GLACES

Lous XIV la fit édifier à la place de la terrasse de Le Vau reliant les deux pavillons, Sud et Nord, du château. Les travaux durèrent dix ans à partir de 1689. Longue de 73 m, elle est large de 10,50 m pour une hauteur de 12,30 m; dix-sept fenêtres en arcade donnant sur les jardins font face à un nombre égal de fausses fenêtres garnies de miroirs bisautés et montés sur cuivre ciselé et doré. Quatre de ces portes donnent accès à l'Appartement du roi (v. p. 66). La décoration de cette galerie, célèbre dans le monde entier, a été particulièrement soignée. Entre chaque fenêtre s'élèvent des pilastres en marbre rouge-brun de Rance, aux bases en bronze doré et ciselé, et aux chapitaux au dessin composé spécialement pour la Galerie, par Caffiéri. La frise de la corniche en stuc doré est décorée des ordres royaux de Saint-Michel et du Saint-Esprit. Sur la corniche notons les vingt-quatre groupes d'enfants sculptés par Coysevox et, un peu partout, les guirlandes, les trophées, les chutes d'armes, œuvres de Coysevox, de Tuby, de Le Gros et de Massou.

A l'époque du Roi Soleil cette galerie abritait un mobilier en argent massif, dont des caisses d'orangers, tables, tabourets et les plus belles statues des collections du roi.

La Galerie, dont l'accès était libre comme tout l'appartement, voyait se mélanger en une foule hétéroclite le peuple et les plus grands seigneurs. Un temps on y voyait même passer quotidiennement des vaches, des ânesses et des chèvres qui étaient conduites dans les appartements de Mesdames, filles du roi Louis XV, alors enfants, afin qu'elles aient du lait fraîchement trait le matin.

Quelques très grandes réceptions furent données tout au long du règne à l'occasion de différentes ambassades, pour la venue du doge de Gênes, pour les mariages princiers, dont celui du duc de Bourgogne, en 1747, pour lequel fut organisé un extraordinaire bal-paré. À l'occasion de certaines réceptions, le trône du roi était placé sous un dais au fond de la galerie, du côté du Salon de la Paix.

A présent, nous pouvons admirer de nombreux lustres en cristal de Bohême, les vingt-quatre torchères d'époque Louis XV, les consoles en bois doré à dessus de marbre, les vases en porphyre, les bustes antiques... ne sommes-nous pas plongés dans un monde féérique dépassant l'homme pour lequel ils furent créés, Louis XIV, dépassant les artistes qui y travaillèrent ? un monde à la gloire de la France.

Perspective de la Galerie des Glaces.

Page suivante, la Galerie des Glaces.

Ci-contre, la Galerie des Glaces. Au premier plan, torchère en bois doré d'époque Louis XV.

Le Salon de la Paix.

LE SALON DE LA PAIX

A l'angle sud-ouest, le Salon de la Paix, très lumineux, donne sur le Parterre du Midi aux belles ornementations de broderies. Il présente une décoration proche de celle du Salon de la Guerre qui lui fait pendant à l'autre bout de la Galerie. Sa décoration date en grande partie de Louis XIV, sauf le grand médaillon surplombant la cheminée figurant *Louis XV en pacificateur*; le roi représenté à l'âge de dix-neuf ans offre un rameau d'olivier, symbolisant la paix, à une jeune femme, l'Europe. Cette œuvre de Lemoyne, datant de 1729, est placée au-dessus de la cheminée en marbre vert; deux gracieux petits bustes d'empereurs romains sont placés sur la tablette; dans l'âtre, une plaque de cheminée aux armes de France et de Navarre et une paire de beaux chenêts, commandés par Marie-Antoinette pour cette pièce au sculpteur Boizot, chenêts figurant deux lions face à face.

Sur les marbres des parois, chutes d'armes, instruments de musique; à remarquer les anges jouant autour des vases de fleurs au-dessus des parois en miroir et le lustre, dont les girandoles sont en cristal de couleur améthyste.

Encadrant la porte, sur deux gaines, deux bustes à tête de porphyre comme il y en a de nombreux au château et un vase de marbre gris.

Une corniche s'appuyant sur des consoles en bois doré court tout autour de la pièce; au-dessus de celle-ci, dans les angles, lyres et caducées sont là pour nous rappeler que les arts et le commerce fleurissent dans la paix.

Cette pièce fut séparée de la Grande Galerie par une cloison mobile, qu'on retirait parfois à l'occasion des grandes fêtes, à l'époque de la reine Marie Leszczynska. Ainsi transformé, ce salon était, selon la nécessité du moment, Salon des Jeux de la Reine ou Salle de Concert. Tous les dimanches d'hiver, et bien souvent

Le plafond du Salon de la Paix.

dans l'année l'épouse de Louis XV y faisait donner des concerts de musique vocale et instrumentale qui devinrent célèbres. Quant à sa passion, si tant est qu'une reine si effacée en ait eue, c'était un jeu où elle perdait souvent, le cavagnole, une sorte de biribi.

La noblesse, qui a une vie très dispendieuse à Versailles, essaie de se refaire au jeu. Il y aura donc toujours un "Salon des jeux" à toutes les époques, chez les rois, les reines et les membres de la famille royale. Avec le temps les jeux changeaient mais ils étaient toujours aussi dangereux: certains perdaient toute leur fortune en une soirée, leurs adversaires la gagnaient.

Des dames, jouant avec la reine Marie-Thérèse, n'hésitaient pas à tricher pour s'offrir des colifichets. Quant à la princesse d'Elbeuf, qui était pauvre, elle vivait de ses gains au Jeu de la Reine.

Le plafond en coupole est peint par Le Brun. Au centre, *la France sur un char tiré par quatre colombes*, entourée de la Paix, de la Gloire et d'autres Vertus propres aux bénéfices de la paix. Dans les demi-cercles, on reconnaît l'Espagne, l'Europe chrétienne en paix, l'Allemagne et la Hollande. Les pendentifs de séparation portent les armes de France et de Navarre.

Le Plafond de Le Brun - Il est consacré aux gloires des dix-sept premières années du règne de Louis XIV. Le Brun se fit aider par ses élèves pour venir à bout de cette œuvre colossale qui se découpe en douze tableaux principaux dont voici les noms en partant du Salon de la Guerre.

L'Alliance de l'Allemagne et de l'Espagne avec la Hollande, 1672; (à droite) le Passage du Rhin en présence des ennemis, 1672; (à gauche) le Roi prenant Maastricht en treize jours, 1673; le Roi donne l'ordre d'attaquer en même temps quatre des plus importantes garnisons de Hollande, 1672; le Roi armé sur terre et sur mer, 1672; le Roi gouvernant par lui-même, 1661; le Faste des puissances proches de la France, 1674; la Franche-Comté conquise pour la deuxième fois, 1674; la Décision de faire la guerre aux Hollandais, 1671; la Prise de la ville de Gand en six jours, 1678; la Défense de Gand par les Espagnols; la Hollande accepte la paix et se détache de l'Allemagne et de l'Espagne, 1678.

Le Brun, qui avait marqué Versailles de son génie pendant les vingt années durant lesquelles il eut la confiance du roi, mourut dans l'oubli le plus total. C'est là parfois le sort des plus grands!

La chambre de la reine.

L'APPARTEMENT DE LA REINE

La Chambre de la Reine - Pour son épouse, le roi Louis XV avait fait considérablement embellir la chambre décorée par Le Brun. On y voyait les portraits du roi et du père de la reine, l'infortuné roi de Pologne Stanislas, sur des parois qui étaient ornées de fleurs et d'or sur fond blanc. Ne refusant rien à son épouse qui lui a déjà donné plusieurs filles et finalement, en 1729, un Dauphin, le roi accorde un train de maison important à la reine, paie ses dettes de jeu, renouvelle totalement tous les trois ans son linge, draps, couvre-pieds ornés de dentelles... il y en a pour 30 000 livres à chaque fois! Une somme énorme. La chambre est toujours envahie d'une cour fort nombreuse; Luynes compte une fois 65 dames devant le balustre que personne ne franchit sinon la reine et son époux! Elle trouvera un peu de calme dans les petits cabinets aménagés derrière son Grand Appartement, petits cabinets dont il ne reste

rien après les transformations opérées par la reine suivante.

Marie-Antoinette devenue reine de France utilisa la chambre, mais elle ne put faire que les quelques transformations que lui accorda le farouche Gabriel. La décoration de cette chambre, exécutée par Robert de Cotte, Verberckt, Jules Dugoulon et Le Goupil, fut achevée par les Gabriel père et fils.

En 1770, Antoine Rousseau maria aux armes de France et de Navarre ornant les angles du plafond, les aigles impériales autrichiennes.

Les portraits de la mère de la reine, l'impératrice Marie-Thérèse, de son frère Joseph II et de son époux, Louis XVI, furent installés en 1773. Plus tard, l'ancienne cheminée fit place à celle que nous pouvons voir aujourd'hui, en marbre griotte veiné de blanc. Un buste de la reine, par Lecomte, y a été placé; elle porte le manteau royal et un médaillon au profil de Louis XVI.

Les soieries des tentures, des ornements de l'alcôve et des fauteuils changeaient à chaque nouvelle saison; celles que nous voyons à présent ont été reconstituées sur le modèle d'été et offertes par les Soieries de Lyon. Il s'agit d'un dessin particulièrement gracieux où s'entremêlent, liées par des rubans, quantité de fleurs, parmi lesquelles on reconnaît des roses, des lilas, des tulipes...

Le plafond à coupole en trompe-l'œil présente quatre peintures de Boucher. Les dessus-de-porte sont de Natoire et de Jean-François de Troy. On remarquera l'écran de cheminée de B.-Claude Séné (1748-1803), les tabourets et le serre-bijoux dont nous parlerons plus loin.

Le 5 octobre 1789, à l'aube, des émeutiers venus la veille de Paris pénétrèrent dans le château; M. de Miomandre, de garde, crie "Sauvez la Reine!" et tombe sous les coups, ainsi que M. de Varicourt. Marie-Antoinette n'a que le temps de s'enfuir chez le roi par la petite porte que nous voyons à côté du lit... Elle ne couchera plus dans cette chambre et mourra sur l'échafaud, le 16 octobre 1793.

Dans cette chambre où vécurent trois reines, Marie-Thérèse, Marie Leszczynska et Marie-Antoinette, et deux Dauphines, naquirent en public 19 Enfants de France. Une vieille tradition obligeait en effet les reines à accoucher en public. Versailles qui, rappelons-le, était ouvert à tous, se remplissait encore plus dans les jours où l'on attendait quelque naissance royale. Le 19 décembre 1778, lors de la venue au monde de Madame Royale, un tel flot de curieux occupait la chambre, dont deux jeunes savoyards grimpés sur des meubles pour mieux jouir du spectacle, que la reine se trouva mal; le roi ouvrit lui-même les fenêtres pour donner un peu d'air à la malheureuse en plein travail.

En bas à gauche, détail des soieries recouvrant les parois de la chambre de la reine; la qualité du dessin permet de donner un nom à chaque fleur et de distinguer les ocelles des plumes de paon.

A droite, le lit paré d'un couverture somptueuse; remarquons à la tête du lit la beauté du bouquet fleuri.

Ci-contre, l'ensemble du lit avec son baldaquin à plumes d'autruche et aigrettes.

Page de gauche, le serre-bijoux. On distingue sur la paroi la porte par laquelle la reine échappa à la foule ayant envahi le château le 5 octobre 1789.

Détail du panneau central du serre-bijoux: la France couronnant les arts.

Le Serre-Bijoux - Ce meuble incomparable, situé dans la chambre de la reine, mérite qu'on s'arrête un instant.

Il fut exécuté par un ébéniste d'origine allemande, Jean Ferdinand Schwerdferger (1734-1818) en collaboration avec Thomire et le peintre Degault.

Très équilibré, très luxueux dans son ensemble, ce beau meuble annonce déjà l'Empire dans ses grandes lignes.

Les cariatides représentant les quatre saisons sont en bronze; il est enrichi d'incrustations de nacre, de verre, de plaques de porcelaine de Sèvres blanche et bleue, imitant celle de Wedgwood, et d'une grande quantité de décorations de bronze. Les huit pieds, réunis par une entretoise, quatre et quatre, représentent des carquois.

En haut à gauche, le Salon des Nobles,
en bas, le Salon du Grand Couvert.

La Salle des Gardes.

Le Salon des Nobles - Servait de grand cabinet à la reine.
Le plafond de Michel Corneille est tout ce qui reste de
l'époque de la reine Marie-Thérèse. Le reste de la décoration date de Marie-Antoinette et a été exécuté par
Richard Mique (1728-1794) à partir de 1785. Deux
commodes sur les trois qui existaient à l'époque et les
encoignures sont de Riesener. Quelques beaux
tableaux, dont le portrait de Louis XV en costume de
sacre exécuté en tapisserie des Gobelins par Cozette.
Le lustre en cristal de roche passe pour l'un des plus
beaux de Versailles et un magnifique tapis de la Savonnerie couvre le parquet.

Le Salon du Grand Couvert - servait à la fois d'antichambre et de salle à manger de la reine. La table était
placée devant la cheminée. Au plafond, *la Famille de
Darius aux pieds d'Alexandre*, copie ancienne d'après
Le Brun, remplace une œuvre de Vignon disparue.
Dans les voussures, des peintures de ce dernier. Sur la
cheminée, *Ariane endormie*, réplique de la célèbre statue antique du Vatican par Pierre Julien (1731-1804).
Sur les parois quelques beaux tableaux: dans un cadre

magnifiquement sculpté, le premier *Portrait de Marie-
Antoinette* (1779) et *Marie-Antoinette et ses enfants*, par
Madame Vigée Lebrun; portraits des filles du roi Louis
XV: *Madame Adélaïde, Madame Victoire* et, à côté de la
cheminée, *Madame Elisabeth en costume espagnol* par
Adélaïde Labille-Guiard (1749-1803).

La Salle des Gardes - D'abord partie haute d'une chapelle qui se trouvait au rez-de-chaussée, en 1676 on
remplaça l'ancien dallage de marbre par un plancher à
chevrons.
C'est Le Brun qui réalisa cette décoration faite de
beaux lambris de marbres polychromes.
Toutes les peintures sont de Noël Coypel (1628-1707).
Le centre du plafond, octogonal, figure *Jupiter parcourant le ciel sur son char*, entouré d'une quantité de
figures mythologiques. Dans les voussures, quatre
sujets empruntés à l'histoire antique; aux angles, de
spirituels trompe-l'œil.
Les dessus-de-porte sont des bas-reliefs de Le Gros et
Massou où l'on peut reconnaître le monogramme du
roi et les lys de France.
La Salle des Gardes possède la même décoration

A gauche, l'Escalier de la Reine donnant dans la Salle des Gardes.

Sacre de l'Empereur Napoléon Ier par David.

géométrique que l'*Escalier de la Reine* qui faisait pendant à l'Escalier des Ambassadeurs. Il s'agit d'un bel escalier de marbre polychrome construit par Hardouin-Mansart de 1679 à 1681. La grande peinture en trompe-l'œil date de 1701 et fut réalisée par Philippe Meusnier; pour la peinture des fleurs, on fit appel à Belin de Fontenay, peintre aux Gobelins, spécialiste de ce genre de décoration.

Sur le palier de l'étage, les dessus-de-porte et le *Groupe d'amours*, en plomb doré, dans la niche, sont de Massou et datent de 1681.

LA SALLE DU SACRE

Elle fut entièrement transformée par Louis-Philippe pour recevoir deux grandes toiles de David, le *Sacre*, dont la salle tire son nom, et *la Distribution des Aigles*. *La Bataille d'Aboukir* du baron Gros est placée sur une autre paroi, face aux fenêtres. Au plafond, l'*Allégorie du 18 Brumaire* de Callet.

Louis David (1748-1825) élève de Vien, accompagne ce dernier en Italie où il découvre l'Antiquité romaine.

Devenu le maître du néo-classicisme, il retourne à Rome et exécute le célèbre *Serment des Horaces*. Politiquement engagé, il vote la mort du roi et devient Surintendant des Beaux-Arts. L'épopée de Napoléon lui donne l'occasion d'exprimer son intérêt pour l'Antiquité faisant un parallèle entre le "petit Corse" dévoré d'ambition, couvert d'aigles impériales, épuisant ses légions à travers l'Europe, et les empereurs romains. *La Distribution des Aigles* fut peint en 1810, la même année que le *Sacre* dont nous voyons ici la copie, faite par le peintre lui-même, l'original étant conservé au Louvre.

Le sacre de Napoléon eut lieu le 2 décembre 1804 dans la cathédrale Notre-Dame de Paris.

On sait que cette cérémonie se déroula "au garde-à-vous" mais les rancunes et les jalousies couvaient; ainsi les sœurs de l'empereur avaient-elles vivement renâclé à l'idée de porter la traîne de Joséphine; Madame Mère que l'on voit, rigide et attentive, figée, dans une tribune, n'assista pas au sacre car elle se refusait à voir couronner sa belle-fille, "questa donna" (cette femme).

Ce tableau, qui compte pas moins de cent cinquante portraits, est un véritable document historique.

41

LA GALERIE DES BATAILLES

Après le 6 octobre 1789, le château s'endort lentement. Privé du roi ce n'est plus qu'un corps privé d'âme. La Révolution fait son chemin, les têtes tombent. Louis-Philippe endosse les vêtements des rois de France. Versailles est trop grand pour *le roi bourgeois*, il occupera Trianon; le château devient musée.

Après avoir fait transformer différentes salles, enlever des cheminées de marbre uniques, barbouiller des boiseries incomparables pour faire place au Grand Musée, en 1837, la Galerie des Batailles est inaugurée dans l'aile du Midi, à la place des appartements des Enfants de France et des membres proches de la famille royale. Les architectes Fontaine et Nepveu ont constitué cette galerie, longue de 120 m, pour recevoir les toiles à la gloire des armées françaises, depuis les premières tribus regroupées autour de Clovis jusqu'aux Grenadiers de la Garde de Napoléon. Le but était aussi politique:

il s'agissait de créer un grand rassemblement autour de la personne du *roi des Français*, contenter les nostalgiques de l'Ancien régime et faire résonner encore, dans l'âme des bonapartistes, le martèlement des brodequins de la Vieille Garde.

Des bustes en faux marbre, figés, peut-être pas de la meilleure facture, ponctuent le déroulement de cette Histoire de France par l'image.

Cependant, quelque soit le regard que l'on jette sur cette galerie, celui de l'historien ou celui de l'amateur d'art, il est une plaque qui résume assez bien l'esprit du lieu:

"Les bustes placés dans cette galerie
sont ceux des princes du Sang royal,
des amiraux, connétables, maréchaux de France
et guerriers célèbres
tués en combattant pour la France".

Bataille de Poitiers, 25 octobre 732 *(p. 44 en haut)*. - *Charles-Louis Steuben* (1788-1856) était un peintre français d'origine allemande; élève de Gérard, spécialiste de portraits officiels, il nous donne dans cette bataille une autre expression de son talent.

Les Arabes après avoir envahi presque tout le bassin méditerranéen, de l'Indus à l'Espagne, traversent les Pyrénées et se répandent en Aquitaine remontant jusqu'à Poitiers. C'est dans les environs de cette ville que Charles Martel leur inflige la défaite qui les chassera hors du royaume des Francs. Cette vaste composition nous montre Charles Martel au centre du tableau, sur son cheval blanc, brandissant la francisque en un geste de victoire.

Charlemagne reçoit à Paderborn la soumission de Widukind, en 785 *(p. 44 en bas)* - Défenseur de la Foi, Charlemagne nous est présenté en pacificateur, invitant Widukind et les peuples rassemblés derrière lui à recevoir la bénédiction qu'un prélat s'apprête à leur donner. *Ary Scheffer* (1795-1858), né au sein d'une famille d'artistes, était d'origine néerlandaise. Elève de l'Ecole des Beaux-Arts, il exposa au Salon de 1812 et devint chef de file du romantisme. Louis-Philippe lui demanda plus de 30 compositions pour son Musée.

Le comte Eudes défend Paris contre les Normands, en 886 *(p. 45 en haut)* - C'est encore une belle page de l'histoire de la France qui nous est proposée par *Victor Schnetz* (1787-1870) élève de David et du baron Gros. Le comte Eudes, au milieu de la bataille défend Paris contre les Normands qui ont envahi le royaume. Malgré son courage obstiné il ne parviendra pas à chasser complètement ces "hommes du Nord" venus de Scandinavie.

Au fond du tableau des remparts chargés d'hommes et de flammes; la grandeur de Paris se préparait déjà en ces lieux, en ces actions.

Bataille de Bouvines, 27 juillet 1214 *(p. 45)* - En un geste théâtral Philippe Auguste dépose sa couronne sur l'autel laissant à ses vassaux la possibilité de s'en emparer et choisir le chef qui les conduira à la victoire. L'empereur germanique, le comte de Flandre et le roi d'Angleterre tentent de démembrer la France: ce sera Bouvines et le rassemblement autour de la couronne des Capétiens. La précision du trait, la richesse des coloris, la luminosité particulière à *Horace Vernet* (1758-1836) tracent dans cette toile une belle page d'histoire.

Bataille de Taillebourg, 21 juillet 1242 *(p. 46 en haut)* -
On ne rendra jamais assez justice à *Eugène Delacroix*
(1798-1863) qui est l'une des plus riches figures de peintre que la France ait connue. La vibration des couleurs,
la précision du détail, la puissance du mouvement,
toutes choses dont il a su se rendre maître pour nous
illustrer le moment où Saint Louis, masse d'armes en
main, repousse les troupes anglaises en-deçà de la Cha-
rente sur le pont de Taillebourg, les contraignant à la
retraite.

Bataille de Marignan, 14 septembre 1515 *(p. 46 en bas)* -
Marignan ne fait pas partie de ces batailles "qui sauvè-
rent la France" cependant elle est dans le cœur des
Français un synonyme d'exploit, de prouesse nationale. Elle fut inspiration, panache, audace, on passa un
col réputé infranchissable, on bouscula l'ennemi. François Ier se fera armer chevalier au soir de la bataille par
Bayard, le chevalier "sans paour et sans reprouche".

Ce sera le début du rêve, du rêve que poursuivit le roi
sa vie durant: se rendre maître de l'Italie dont l'éclat le
fascinait.
Pour *Alexandre-Evariste Fragonard* (1780-1850) fils et
élève du "divin Frago", élève de David aussi, la peinture n'a pas de secret. Comme il sait bien fièrement
camper le roi-chevalier sur son cheval, le soir de la
bataille et dans le geste pacifique et résolu se dessine une
promesse.

Prise de Calais, 9 janvier 1558 *(p. 47)* - Cette lueur
blafarde sur la mer, ces remparts déserts... la bataille
est gagnée. François de Lorraine, duc de Guise, ne
jettera pas un regard sur les morts, sur le jeune agoni-
sant soutenu par son frère d'armes vaincu. Il entrera
par la brèche et la France reprendra Calais longuement
disputée aux Anglais. *François Picot* (1786-1868) nous
brosse tranquillement les faits, d'un pinceau habile et
aimable, séduisant et banal.

Entrée de Henri IV à Paris, 22 mars 1594 *(p. 48)* - A deux heures du matin, par un temps ingrat, des hommes dégageaient la Porte Neuve des gabions qui la condamnaient. Charles de Cossé, comte de Brissac, Maréchal de France et gouverneur de Paris, fait entrer Henri IV dans Paris, trompant le Légat du Pape, le duc de Féria ambassadeur de Philippe II auprès de la Ligue et le commandant de la garnison espagnole, Don Diego d'Ibarre, chargés de protéger les intérêts de la Foi, c'est-à-dire des Guise. Nous le voyons sur ce tableau, le chapeau à la main, ouvrant le chemin du Béarnais qui lui a passé son écharpe blanche, le confirmant dans sa dignité de Maréchal. C'est un tableau joyeux que *François Gérard* (1770-1837), le baron Gérard, le "peintre des rois et le roi des peintres" nous brosse et la physionomie du roi, pour stéréotypée qu'elle soit, n'en est pas moins sympathique.

Bataille de Rocroy, 19 mai 1643 *(p. 49 en haut)* - Il est fringant le futur "Grand Condé" et son cheval semble frémir de la même passion juvénile, être issu de la même veine aristocratique. Autour du vainqueur de Rocroy les hommes d'armes, les mousquetaires s'agitent; lui, il annonce la victoire, entouré d'un halo de lumière et de gloire naissante. L'armée espagnole qui allait marcher sur Paris s'est effondrée et ne se relèvera pas.
François-Joseph Heim (1787-1865), Prix de Rome, nous donne là une démonstration exemplaire de son grand talent.

Prise de York-Town, 17 octobre 1781 *(p. 49)* - Bataille décisive qui assura aux Américains la victoire sur les Anglais dans la guerre d'indépendance, bataille où sont conjugués les efforts des soldats des jeunes Etats-Unis et de la France. *Auguste Couder* (1790-1873), auteur, à 77 ans, de l'ouvrage *Considérations sur le but moral des Beaux-Arts*, a habilement répandu une belle lumière dorée sur le drapeau, comme une note de victoire.

Bataille de Fleurus, 26 juin 1794 *(p. 50)* - De ces années de la Révolution française, à côté de figures d'hommes plus ou moins fanatiques, plus ou moins véreux, émergent quelques personnalités militaires qui seront "raflées" par Bonaparte et concourront à sa gloire. Le génie français, toujours latent, se révèle dans les grandes failles de son histoire. Pour le première fois depuis longtemps ces hommes qui allaient immoler leurs jeunes vies sur les champs de bataille savaient que ce sacrifice du sang était exigé par la *Patrie*. Les anglo-hollandais sont battus par Jourdan, sabre au clair, entouré de Championet, Kléber, Marceau et du triste Saint-Just. Dans le ciel, *Jean-Baptiste Mauzaisse* a placé un aérostat qui fut utilisé pour la première fois lors de cette bataille pour observer les mouvements de l'ennemi.

Bataille de Rivoli, 14 janvier 1797 *(p. 51 en haut)* - Belle toile claire où se détache bien le jeune général au port déjà impérial sur fond de montagnes enneigées.
"*... Et du premier consul déjà, par maint endroit,
Le front de l'empereur brisait le masque étroit.*"
(Victor Hugo)

C'est *Félix Philippoteaux* (1815-1884) qui peignit le jeune héros et présenta son œuvre au Salon de 1845. Les Autrichiens, commandés par Alvinczi, descendent les pentes du mont Baldo pour rencontrer, sur le plateau de Rivoli, les troupes de Joubert, Masséna et Ney qui les écrasent au fur et à mesure de leur arrivée. Le soldat blessé, tombé au sol, jette un dernier regard, avant de mourir, sur l'avenir de la France.

Bataille d'Austerlitz, 2 décembre 1805 *(p. 51 en bas)* - Austerlitz est la victoire du stratagème. Napoléon, en ce jour anniversaire de son Sacre, cueille une victoire sur la coalition austro-russe, ayant réussi à suggérer à l'ennemi les mouvements qui devaient le perdre. *Gérard* (1770-1837) illustre bien la confusion du champs de bataille; c'est sur un parterre de morts et d'armes brisées que l'empereur, entouré de ses généraux et compagnons d'armes, reçoit le général Repnin, son prisonnier, des mains de Rapp.
Cette bataille d'Austerlitz, peinte en 1810, eut beaucoup de succès, cependant, il faut se demander, malgré l'incontestable habileté de l'auteur, si le portrait n'était pas plutôt la vraie vocation du peintre.

Bataille d'Iéna, 14 octobre 1806 *(p. 52 en haut)* - *Horace Vernet* (1789-1863), auteur des trois derniers tableaux, était un bonapartiste et un bon peintre. Fils, petit-fils, arrière-petit-fils de peintres, la palette et les couleurs étaient dans son berceau et il s'en servira pour illustrer son époque et tout d'abord l'Empereur.

Il hérita de son père l'art de distribuer la lumière et les ombres dans ses tableaux, plaçant parfois ses personnages dans une atmosphère d'aurore boréale, comme dans la Bataille de Friedland. Dans cette Bataille d'Iéna, Napoléon passe ses troupes en revue, un soldat de la Garde Impériale, impatient, l'apostrophe en retirant son bonnet à poil...

La précision du mouvement de l'empereur, piqué, est telle que l'on croit entendre les quatre fers des sabots de son cheval.

Bataille de Friedland, 14 juin 1807 *(p. 52 en bas)* - La Russie montée au secours de la Prusse après Iéna n'est pas tombée à Eylau et ce sera Friedland qui obligera l'empereur Alexandre à demander l'armistice.

Chapeau à la main, au centre du tableau, Oudinot reçoit les ordres de Napoléon. Ce soldat gisant à terre nous rappelle qu'Eylau compta 40 000 morts, Friedland plus de 30 000, la liste ne devait pas, hélas, s'arrêter là...

Bataille de Wagram, 6 juillet 1809 *(p. 53)* - Ce tableau fut exposé au Salon de 1836. L'Empereur observe l'avancée des Autrichiens; après une journée de batailles, la veille, rien de décisif ne s'est dessiné. Les combats reprennent à l'aube. Davout, Masséna, Lassalle repoussent les attaques ennemies, c'est le moment que choisit Napoléon, voyant le centre autrichien dégarni, pour faire donner l'assaut par le prince Eugène. L'archiduc Charles bat en retraite, en Moravie; le 11 l'armistice est demandé. 84 000 hommes sont restés sur le champs de bataille.

LA COUR DE MARBRE

Cour d'entrée du château de Louis XIII, entourée de trois corps de bâtiment, la future Cour de Marbre est le foyer autour duquel rayonnera le château.

A partir de 1665, Le Vau, puis Hardouin-Mansart, en 1679, en modifièrent l'aspect primitif en ajoutant les huit colonnes de marbre de l'avant-corps central, disposant 84 bustes de marbre blanc sur des consoles qui atténueront la rigidité des hautes fenêtres Louis XIII à petits carreaux, installant les balustres à l'étage des combles et perçant la toiture de lucarnes. Les trois fenêtres du premier étage du corps central furent enfin cintrées; elles correspondent à la chambre de Louis XIV, centre idéal du château, cœur de la France.

Sur le fronton, une horloge entourée de Mars et Hercule. Les corps latéraux sont surmontés de statues et de pots à feu. Louis XIV devait d'ailleurs la considérer comme une espèce de sanctuaire puisqu'il la fit paver de marbre en y ajoutant quelques marches afin que les voitures ne puissent y pénétrer.

Le 4 juillet 1674 Quinault et Lully y feront jouer *Alceste* à l'occasion des fêtes en l'honneur de Madame de Montespan. Le 28 juillet, nouvelles fêtes, et cette fois c'est un souper en plein air; on disposa alors une table autour d'une fontaine au milieu de la cour.

Marie-Antoinette souhaitant moderniser le château, voudra la fermer par l'adjonction d'un quatrième corps de bâtiment ce qui lui aurait évité de paraître au balcon face aux émeutiers le 8 octobre 1789.

Louis-Philippe en fera abaisser le niveau actuellement rétabli.

Le Salon de l'Œil-de-Bœuf.

L'APPARTEMENT DU ROI

Le Salon de l'Œil-de-Bœuf - C'est ici que le matin se réunissaient les courtisans pour attendre le *Lever du Roi*. Le salon, qui fut aménagé à la place de l'ancienne chambre du roi et du salon des Bassans, tire son nom de l'œil-de-bœuf qui perce la large frise en stuc du plafond dans laquelle on peut voir des scènes de jeux d'enfants sur un fond quadrillé à fleurettes et décoré d'or. Cette frise remarquable demanda la collaboration de différents artistes: Corneille van Clève qui est aussi, rappelons-le, l'auteur du maître-autel de la chapelle du château, Simon Hurtelle (1648-1724), Anselme Flamen (1647-1717) élève de Marsy, Poulletier, Poirier et Hardy.

Les murs sont revêtus de boiseries décorées de guirlandes, de hauts miroirs qui lui donnent beaucoup de luminosité et de quelques beaux portraits: le *Louis XIV à cheval* par Pierre Mignard (1612-1695); *Marie-Thérèse d'Autriche*, épouse du roi, par Jean Nocret (1617-1672), auteur du célèbre *Louis XIV et sa famille*,

toujours dans ce salon, peints en divinités antiques. Le salon de l'Œil-de-Bœuf qui servait en quelque sorte de salle d'attente et où les indiscrétions, les commérages, les espoirs et les craintes ne devaient pas manquer, était peu meublé. Quand huit heures sonnaient, le premier valet de chambre du roi éveillait son souverain avec la phrase: "Sire, voilà l'heure", sa nourrice venait alors lui baiser la joue; après une toilette sommaire exécutée par les "garçons bleus" la porte s'ouvrait, laissant pénétrer les plus hauts personnages pour les "grandes entrées". Un peu après avaient lieu les "secondes entrées". Puis le roi s'habillait et s'attardait avec son frère ou avec quelques courtisans. Dans le salon de l'Œil-de-Bœuf, dans la galerie, une foule considérable de courtisans et de gens du peuple attendait qu'un huissier ait frappé le sol de sa hallebarde en prononçant à voix haute "Messieurs, le roi". Celui-ci se rendait alors à la messe et il était possible de lui présenter une requête.

La Chambre du Roi - Avant de devenir la chambre du roi en 1701, cette pièce était le salon de réception du château de Louis XIII et donnait à la fois sur les jardins et sur la Cour de Marbre. La construction de la Galerie des Glaces, à partir de 1679, la priva de ses ouvertures sur les jardins.

La décoration, où domine le blanc et l'or, a été particulièrement soignée. De hauts pilastres cannelés et dorés sont les seuls éléments subsistant du premier décor. Derrière une balustrade en bois doré se trouve le lit du roi. Les deux fauteuils, le fond de l'alcôve, les tentures, le baldaquin et le couvre-lit ont été reconstitués en brocart d'or et d'argent par les manufactures de Lyon en 1980, d'après l'original.

Au-dessus du lit, sur fond quadrillé à fleurettes, *la France veillant sur le sommeil de son roi*, haut-relief de Nicolas Coustou. Dans la chambre du roi il n'y avait qu'une cheminée, celle où se trouve aujourd'hui le buste de Louis XIV par Coysevox.

Louis XV fit réaliser celle qui se trouve en face.

Le dessus de glace en plein cintre marque une innovation dans la décoration. Entre la corniche à modillons et le plafond sont placés cinq des neuf tableaux de Valentin de Boulogne (1590-1632) peintre français ayant travaillé à Rome. Son style se rapproche de celui du Caravage. Nous reconnaissons les évangélistes et le *Tribut de César*. Une autre peinture: *Agar dans le désert* de Giovanni Lanfranco (1582-1647), élève des Carrache. Au-dessus des portes, de beaux médaillons dont un autoportrait de Van Dyck.

Page de gauche, détail des somptueuses tentures
récemment restaurées ornant le lit du roi,
les portières et recouvrant les meubles.
Comme pour le lit de la reine, le baldaquin
est surmonté de plumes d'autruche et d'aigrettes.

Vue générale de la chambre du roi. C'est dans cette pièce
que se déroulait la cérémonie du Lever du roi;
Louis XV ne dormit pas dans cette pièce inchauffable; il s'y
rendait matin et soir pour respecter l'usage
de la cérémonie mais dormait dans la
chambre de son appartement intérieur.

Le Cabinet du Conseil - Cette pièce communique avec la chambre du roi; elle est éclairée par deux fenêtres et de larges miroirs. Louis XIV tint conseil dans ce salon qu'il avait pris soin de décorer avec les plus belles pièces de ses collections. Il y rassemblait ses secrétaires d'Etat mais y recevait aussi des particuliers en audience officielle. Sous Louis XV, le Cabinet du Conseil fut agrandi par Gabriel et le sculpteur Jules Antoine Rousseau fit les merveilleuses boiseries, de différents sujets, que nous pouvons voir. Sur la magnifique cheminée en marbre griotte, ornée de bronzes somptueux, est placée une pendule datant elle-aussi de Louis XV mais c'est le successeur de celui-ci qui la fit encadrer de deux grands vases, bel exemple de l'habileté des porcelainiers français.

Un dessus-de-porte est de Verdier, les trois autres sont de Houasse.

Le buste d'Alexandre en porphyre, dont les bronzes dorés sont de Girardon, fut acheté par Louis XV pour orner cette pièce. Autour de la table, recouverte du même tissu que les tentures, furent prises toutes les décisions de la monarchie jusqu'à la Révolution.

Page de gauche, buste de Louis XIV par Coysevox sur l'une des deux cheminées de la chambre du roi.

Le Cabinet du Conseil avec ses riches étoffes.

LES CABINETS INTÉRIEURS DE LA REINE

Louis XV fit aménager pour la reine quelques pièces derrière le Grand Appartement de celle-ci. Mais si l'Appartement reçoit la belle lumière venant du Midi, les pièces que l'on réussit à organiser sur l'arrière donnent sur la Cour de Monseigneur, au Nord. Pour égayer les cabinets on installe un large balcon, des treillages, des fleurs... Marie-Antoinette qui s'y installera, transformera complètement ces pièces à son usage, et à grands frais. Richard Mique, l'architecte imposé par la reine, s'affaire pour la mise en place, au fur et à mesure des exigences et des caprices de son auguste cliente, du *Cabinet doré*, de la *Bibliothèque* ou de la *Pièce des bains*. Toutes ces pièces seront remplies d'objets de grand luxe, tels que les aimait la reine.

De récentes restaurations ont redonné à ces Cabinets un aspect proche de celui qu'ils avaient à l'époque où Marie-Antoinette les quitta, avec des meubles et des objets qui ne lui ont pas appartenu, les siens ayant été dispersés à la Révolution, mais de grande qualité.

La Méridienne - C'est un ravissant boudoir octogonal créé par Mique pour le repos de la reine l'après-midi. Le décor est l'un des plus raffinés que l'on puisse concevoir. Les boiseries sont sculptées par les frères Rousseau, peintres et modeleurs d'ornements, célèbres pour la recherche de leurs motifs inspirés à l'Italie, en particulier à Pompéi.

Dans le boudoir de la reine il semble qu'ils se soient surpassés dans l'invention d'attributs sentimentaux et l'on suit de l'œil, émerveillé, des guirlandes, des couronnes de fleurs, des flèches, des petits animaux, mille détails charmants dont la finesse caractérise cette époque révolue.

Des miroirs tapissent le fond d'une alcôve drapée du même damas bleu clair à semis qui recouvre la confortable ottomane et trois sièges de Jacob en bois doré. La passementerie des tentures des fenêtres, de l'alcôve et de l'ottomane est d'argent.

Une console en bois doré célèbre la naissance de l'héritier du trône, en 1781, avec son dauphin couronné. La table en bois pétrifié dont le piètement figure des têtes et des pattes de bélier, fut offerte à Marie-Antoinette par sa sœur Marie-Anne de Habsbourg.

En quittant ce boudoir, un coup d'œil à la pendule sur la tablette de la cheminée nous fait penser qu'ici les heures s'arrêtaient parfois, complaisantes, pour une femme au destin tragique.

En haut, le Salon Doré avec une belle harpe de Nadermann.
En bas, détail des boiseries néo-classiques: la cassolette sur un trépied laissant échapper des nuages de fumée et les sphinx grecs étaient des motifs typiques de la fin du XVIIIe siècle qui seront repris sous l'Empire.

L'APPARTEMENT INTÉRIEUR DU ROI

Le Cabinet de la Pendule - Les boiseries sculptées et dorées de ce salon sont de Verberckt et présentent un entrelacs très fin de guirlandes et de feuillages. Au-dessus des portes, des scènes pastorales de Boucher. Le cabinet tire son nom de l'horloge astronomique qui s'y trouve, conçue par Claude Siméon Passemant (1702-1769), horloger et opticien français, et offerte au roi en 1753 par l'Académie des Sciences. Le précieux mécanisme, réalisé par Dauthiau, est surmonté d'un globe en cristal dans lequel la lune et les planètes évoluent autour du soleil selon le système de Copernic. Jacques Caffiéri en cisela le corps de bronze doré. Au centre de la pièce, une réduction de la *statue équestre de Louis XV* par Vassé, dont l'original, par Bouchardon, se trouvait sur la place de la Concorde, alors place Louis XV, avant d'être abattue à l'époque de la Révolution. Autour de la pièce, deux consoles en bois doré, dont les plateaux représentent des chasses royales dans les forêts de Versailles, Marly, Saint-Germain et Compiègne.

L'Antichambre des Chiens - Il s'agit de la première antichambre de l'appartement privé du roi. Elle fut aménagée en 1738 et décorée d'après des dessins de Jules Hardouin-Mansart. Louis XV avait fait installer là les niches de ses chiens d'appartement.
Dans la corniche en stuc, des motifs d'animaux et des scènes de chasse. De grands médaillons sont peints de fleurs.

Le Cabinet de la Pendule.

Page de droite, l'Antichambre des chiens et détail.

La Salle à manger des retours de chasse.

Salle à manger des Retours de Chasse - Elle fut aménagée à partir de 1750; les parois sont recouvertes de
boiseries annonçant le style Louis XVI par la sobriété
et l'élégance de leurs lignes. Sur un côté un *régulateur*
dont le mécanisme fut réalisé par Ferdinand Berthaut
(1727-1807), horloger suisse vivant en France qui était
un véritable spécialiste des régulateurs de précision des
horloges et des montres marines.
Louis XV le nomma Inspecteur général des machines
de la Marine et Horloger du roi. Le régulateur qui nous
occupe est enfermé en un coffre en ébène somptueux,
surmonté d'un groupe en bronze représentant *Apollon
sur son quadrige*.
C'est dans cette Salle à manger que le souverain invitait
à dîner au retour de ses chasses des cavaliers et quelques
dames. Les préséances étaient alors abolies, on se pla-
çait à table où l'on voulait. S'il n'y avait que des
hommes parmi les convives, le roi désignait les deux

gentilshommes qu'il souhaitait avoir à ses côtés, généralement les deux plus anciens. Le duc de Croÿ évoque
dans ses Mémoires l'un de ces dîners où l'on "... nous fit
tous asseoir autour de lui, sans la moindre distinction
et nous causâmes avec la plus grande familiarité hors
que l'on ne pouvait oublier que l'on était avec son
maître".

Le Cabinet Intérieur - C'est le cabinet de travail de
Louis XV, aménagé par Gabriel en 1753 à la place
d'une ancienne salle de billard où Louis XIV installa
par la suite une partie de sa collection de tableaux.
Pour les boiseries, le roi Louis XV eut recours une
nouvelle fois à Verberckt, qui réalisa dans cette pièce
dix grands panneaux, l'une de ses plus belles créations
sculptée de fleurs et de scènes enfantines. En 1739 il
reçut de l'ébéniste Antoine Robert Gaudreaux un très

Le Cabinet intérieur de Louis XV avec le magnifique bureau à cylindre du roi, créé par Œben et terminé par Riesener.
Au-dessous, l'une des deux encoignures exécutées en 1755 par Joubert pour servir de pendants au médaillier d'Antoine Gaudreaux.
Sur le devant du meuble on aperçoit, dans un médaillon, trois enfants sous la neige et des médailles rappelant la fonction du meuble.

beau médaillier orné de bronzes magnifiques auquel vint s'ajouter une paire d'encoignures exécutées par Gilles Joubert en bois de violette, en 1755.
Mais la pièce de mobilier qui nous frappe davantage est le célèbre *Bureau du roi Louis XV*, l'un des plus beaux meubles qui soit au monde. Il fut commandé à Jean-François Œben (1710-1763), ébéniste d'origine allemande qui dut à la protection de Madame de Pompadour d'entrer comme ébéniste du roi aux Gobelins en 1754 et à l'Arsenal deux ans après.
Ce bureau est un chef d'œuvre de marqueterie et de l'art du bronze, mais aussi de perfection mécanique. Le cylindre, en se rabattant, fermait entièrement tiroirs et table à écrire. Œben mourut avant de terminer son ouvrage et c'est son élève, Riesener qui le livra au roi en 1769. En 1794, en pleine Révolution, il dut lui enlever "tous les attributs de la féodalité" c'est-à-dire retirer les initiales du roi!

Ancien cabinet intérieur de Madame
Adélaïde servant de salon de musique, détail des
décorations: dans la frise on peut apercevoir des
instruments de musique.
Au-dessous, détail des magnifiques boiseries de Verberckt.

Ci-dessus, la salle des bains du roi Louis XV: dans les médaillons des scènes évoquant les plaisirs de l'eau. Louis XVI en fit son Cabinet de la Cassette.

Les Salles Neuves - Les trois rois qui occupèrent Versailles firent faire, selon leurs nécéssités du moment, de tels bouleversements dans les pièces qu'il est parfois difficile d'en suivre l'évolution. Ces différents cabinets furent installés à la place d'une petite galerie qui, elle-même, avait été taillée dans l'appartement de Madame de Montespan; le nouvel appartement fut aménagé en 1752 pour Madame Adélaïde, quatrième fille du roi Louis XV qui y habita jusqu'en 1769.

Dans le *Salon de Musique* nous pouvons voir de merveilleuses boiseries sculptées présentant des trophées musicaux.

Mozart, âgé de huit ans, joua du clavecin dans ce salon pour la famille royale. Cet enfant virtuose émerveilla la cour de Versailles pendant son séjour parisien, de novembre 1763 à avril 1764. Le jeune Mozart logeait avec son père Léopold et sa sœur Marie-Anne à l'hôtel de Beauvais, dans l'actuelle rue François-Miron à Paris. Ce bel hôtel particulier avait appartenu à Catherine-Henriette Bellier, épouse de Pierre Beauvais et femme de chambre d'Anne d'Autriche, connue sous le sobriquet de *Cateau la borgnesse* à cause de sa laideur; s'étant emparée du futur roi Louis XIV, alors âgé

de seize ans, "...elle en fit un homme en quelques instants..."

C'est Louis XV qui amena un peu de confort dans ces appartements. Il fit venir des poêles en faïence d'Allemagne que l'on retirait l'été pour ménager l'esthétique de ces cabinets; il inventa différentes installations pour empêcher les cheminées de fumer; il fit placer des éclairages dans les escaliers et mettre au point un service anti-incendie, couvrit les fenêtres de "persanes" (persiennes), enfin, grâce à lui, Versailles eut quelques salles de bains et des "lieux à l'anglaise"...

Cette *salle de bains du roi Louis XV* possède de beaux lambris de bois recouverts d'or de différentes couleurs. Les sculptures des panneaux représentent des scènes exaltant les plaisirs de l'eau, entourées de roseaux noués de rubans. Par exemple, dans l'un de ces médaillons, un homme apprend à nager à un autre personnage.

Louis XVI qui, peut-être, s'intéressait moins à la natation, fit transformer cette pièce, en faisant son *Très-arrière-cabinet*, appelé aussi Pièce de la Cassette: c'était la pièce où il conservait les registres de ses comptes, dressait ses tableaux de chasse, trouvait un peu de solitude.

La Bibliothèque de Louis XVI - L'ancienne chambre à coucher de Madame Adélaïde, transformée en Cabinet des jeux pour Louis XV, fut choisie par Louis XVI pour y installer sa bibliothèque. Gabriel en projeta la décoration, qui fut exécutée par Jules Antoine Rousseau (1710-1782) sculpteur ornemaniste français. A Versailles, il décora le Cabinet du Conseil (1755) et les Bains (1770-1771). C'est Louis-Simon Boizot, sculpteur français qui travailla surtout pour la Manufacture de Sèvres qui décora la cheminée de ses marbres et Pierre Philippe Thomire, travaillant lui-aussi pour Sèvres, en fabriqua les bronzes. Dans des médaillons, Apollon, les Arts, la France tenant le portrait du roi...

Dans cette grande et belle pièce aux lignes pures ont été installées des vitrines pour contenir les livres du roi ainsi qu'une commode de Benneman, de 1787, et une table ronde en séquoia, au centre, par Riesener. Les chaises sont de Séné (1784); un grand tapis couvre toute la pièce. Louis XVI aimait beaucoup cette pièce et s'y tenait presque toujours.

Le Salon des Porcelaines - C'est à Madame de Pompadour que l'on doit le goût de la belle porcelaine en France. D'une grande intelligence et d'un goût très sûr, elle sut intéresser le roi à la Manufacture de Vincennes et à Sèvres. Ces deux établissements produisaient des pièces d'une telle beauté que le roi, voulant en promouvoir la vente, permettra d'installer dans la salle à manger de ses appartements privés une exposition de porcelaines de Sèvres. C'était presque une obligation pour les courtisans d'acheter.

Salon des Jeux du roi - Après la *Salle de billard*, le *Salon des jeux du roi*, ancien Cabinet des Merveilles de Louis XIV, puis antichambre de Madame Adélaïde. Malgré de nombreux remaniements, cette pièce, à présent restaurée, a un bel aspect avec son tapis de la Savonnerie, les quatre meubles d'angle en marqueterie de Riesener et des sièges de Boulard, recouverts d'une riche soie de Lyon assortie aux tentures des croisées. Aux murs, dix gouaches de Louis Nicolas Van Blarenberghe (1716-1794), peintre de la Marine et du département de la Guerre.

A gauche, la Bibliothèque de Louis XVI. Au-dessous, le Salon des Porcelaines.

Le Salon des jeux de Louis XVI.

Buste de la comtesse du Barry par Augustin Pajou.   Ci-contre, l'appartement de la comtesse à Versailles.

L'APPARTEMENT DE
LA COMTESSE DU BARRY

Les sept pièces du deuxième étage donnant sur la Cour des Cerfs constituaient l'appartement auquel on a donné à présent le nom de la dernière favorite du roi Louis XV.

Cette femme d'une remarquable beauté dont Louis XV s'était épris, fut présentée à la cour en avril 1769 et restera à Versailles pendant cinq ans, jusqu'à la mort du roi. Elle avait reçu une éducation soignée chez les Dames de Sainte-Aure, à Paris, et était une femme de goût. L'appartement qu'elle occupa est dessiné dans ces lignes simples et essentielles qui furent inaugurées par Madame de Pompadour et qui seront, en fait, le style Louis XVI.

Dans l'antichambre, les boiseries sont recouvertes du célèbre vernis Martin. Cherchant à découvrir le secret des laques de Chine, les quatre frères Martin mirent au point un vernis à base de résine qui devint célèbre; la technique d'application était des plus longues, il s'agissait en effet d'étaler quarante couches d'une peinture qui était polie après chaque couche. La transparence ainsi obtenue donnait aux boiseries et aux meubles l'aspect de la porcelaine "dans le goût de la Chine et du Japon". Toujours dans l'antichambre, une commode légère et élégante de Charles Topino (1730-1789) et un poêle en faïence blanche semblable à celui qui était dans cette pièce au temps de la comtesse.

Dans la bibliothèque, une cage d'oiseau fleurie de porcelaines rappelle le goût de la Nature de l'époque, chanté par les philosophes et les écrivains. Un canapé en corbeille est revêtu d'une belle tapisserie à motifs floraux; le bureau à dos d'âne est de Gaudreaux qui fut le principal ébéniste du garde-meubles de la Couronne de 1726 à 1746. Notons une commode de Riesener dans la salle à manger, enfin le "mobilier de Choisy" dans le grand cabinet, série de sièges réalisés pour le château de Choisy-le-Roi par Foliot, en 1770.

Marie-Antoinette n'aimait guère la favorite, peut-être sentait-elle que cette dernière lui ravissait un peu de l'influence qu'elle avait sur son "cher papa" et le soir même des obsèques de Louis XV le nouveau roi donnait l'ordre à Madame du Barry de se retirer à l'abbaye de Pont-aux-Dames. Laissons la charmante comtesse à son destin qui la conduira à l'échafaud le 8 décembre 1793, moins de deux mois après la reine.

Bien que peu meublées, ces pièces nous donnent une réelle impression de grand raffinement d'une époque où, paraît-il, régnait la ''douceur de vivre''. Dans la bibliothèque, la cage d'oiseau aux fleurs de porcelaine et le canapé à corbeille pour les conversations amicales.

Page de droite, le toit de la chapelle magnifiquement orné dépasse des balustrades à l'italienne de la façade de l'aile du Nord donnant sur les jardins.

GALERIES, ESCALIERS, CORRIDORS...

Pour faire communiquer les appartements, d'apparat ou privés, un nombre incroyable de passages, de dégagements, d'escaliers, de galeries, d'entresols viendront percer le château. Quand nous les traversons, malgré l'actuelle foule des visiteurs toujours très nombreux à Versailles, nous avons peine à imaginer que ces beaux espaces, bien pavés, agrémentés de belles colonnes, parfois ornés de statues, voyaient déambuler la foule la plus incroyable qui soit.

Si les courtisans circulaient peu dans le rez-de-chaussée, du moins parfois devaient-ils y passer et l'encombrement de leurs chaises à porteurs, de leurs laquais, ajoutait à la confusion produite par un nombre incalculable de Gardes Suisses, affectés à la surveillance du château; gardes en service, en maraude, ou à la recherche d'une jolie limonadière car partout, dedans, dehors, et même dans les passages les plus retirés vivait un monde de marchands et de colporteurs. Marchands de tout. Et de rien.

Quand les ouvriers, les doreurs, les vernisseurs, les menuisiers, les sculpteurs sur pierre ou sur bois qui pour la plupart venaient de Paris, pour l'édification de ce château toujours en chantier, voulaient se nourrir ou s'abreuver, il fallait bien qu'ils y trouvent des échoppes.

Les pages aussi étaient nombreux; jeunes nobles, mais surtout jeunes gens, qui en dehors de leur service auprès du roi se livraient à toutes les excentricités et venaient grossir la masse des inoccupés errant dans les galeries et escaliers.

Quant à la Musique du Roi elle recrute, sous Louis XIV, grands et petits violons, flûtes, trompettes, hautbois, maîtres et sous-maîtres de musique... pas mal de monde.

On pense généralement que 10 000 personnes vivaient à Versailles, sans compter les gens de service et 30 000 ouvriers et manœuvres à l'époque des grands travaux. On imagine assez facilement que les vide-goussets étaient à leur affaire: ainsi le roi Louis XV fut-il dérobé, lui-même, de sa montre! Lassé de l'étiquette, ce dernier, que le caractère timide et réservé éloignait des fêtes et manifestations qui avaient fait la gloire de son arrière-grand-père, se retira dans son Appartement Intérieur et dans son cher Petit Trianon. Cette foule hétéroclite a disparu, les éventaires, les boutiques, les jolies limonadières aussi, et nous pouvons voir, dans leur étrange beauté, et solitude, ces espaces créés pour un monde que nous avons peine à évoquer.

L'APPARTEMENT DU DAUPHIN

C'est à partir du 30 mars 1349 que la région appellée Dauphiné, qui s'étend sur la partie centrale des Alpes jusqu'à la vallée du Rhône, devint l'apanage du fils aîné du roi de France. En effet, Humbert II (1333-1355) le souverain de l'époque régnant sur cette région, sans descendants et dans une situation financière particulièrement difficile, vendit ses Etats au roi de France après de longues négociations. Ce personnage haut en couleur devint ensuite dominicain puis patriarche d'Alexandrie. Le Dauphiné lui doit d'importantes institutions: le parlement, l'université de Grenoble et la chambre des comptes.

Le futur Charles V, fils de Jean le Bon, devint donc le premier "Dauphin de France" en 1349, le dernier sera le fils de Charles X, Louis-Antoine (1775-1844) qui ne régna jamais.

Le Dauphin Louis, fils de Louis XV, épouse en premières noces Marie-Thérèse-Raphaëlle d'Espagne et, après la mort de celle-ci, en 1746, Marie-Josèphe de Saxe, dont il aura sept enfants.

Quittant les Appartements des Enfants de France dans l'aile du Midi, le jeune Dauphin prend possession de l'appartement d'angle du rez-de-chaussée, côté Midi, dans le corps central. Au moment de son premier mariage le jeune couple (il a quinze ans, elle en a seize) va s'installer au premier étage de l'Aile du Midi dans un magnifique appartement refait pour lui. Deux ans après, la princesse meurt et, inconsolable, le Dauphin accueille sa nouvelle épouse dans le même appartement légèrement remanié, en attendant les travaux de rénovation entrepris dans son premier logis de jeune homme, au rez-de-chaussée.

L'appartement se composait alors d'une première antichambre, d'une seconde antichambre située sous la Galerie des Glaces et dont deux fenêtres donnent sur le Parterre du Midi; une dernière pièce, la bibliothèque, enfin des cabinets adossés à cette bibliothèque et à la chambre.

La plupart des pièces de ce bel appartement, comme tant d'autres, furent démolies au cours du temps. Au début du siècle, Pierre de Nolhac, historien et conservateur du château, les réorganisa.

Rez-de-chaussée, appartement du Dauphin.　　　　　　　　*La cheminée de l'appartement.*

Chambre du Dauphin, bel exemplaire de meuble en laque de Chine.
A droite, la bibliothèque.

Il est difficile cependant de se faire une idée de ces appartements privés, la plupart de leurs boiseries et de leur mobilier d'origine ayant disparu. Cependant on a envisagé de reconstituer une certaine harmonie et un certain reflet de ce qu'ils pouvaient être à l'époque du Dauphin.

La *Chambre* conserve tous les éléments de boiseries de Verberckt (1704-1771). La cheminée en marbre griotte est ornée de bronzes de Caffiéri (1678-1755): *Flore* et *Zephir*. Les dessus-de-porte ont été peints en 1748 par Jean-Baptiste Pierre (1714-1789) élève de Charles Natoire et dernier représentant du style rococo.

Nous y voyons aussi de beaux portraits des sœurs du prince peints par Nattier en 1742: Madame Adélaïde en *Diane* et Madame Henriette en *Flore*.

Dans le *Grand Cabinet*, des peintures de Jean-Baptiste Oudry (1686-1755) remplacent les dessus-de-porte anciennement peints par Nattier qui représentaient les sœurs du Dauphin. D'autres portraits, tout en finesse, ornent ce Cabinet et on aura plaisir à les contempler tant cet artiste mettait de grâce dans l'expression de ses personnages et d'habileté dans le choix de ses coloris. Le grand bureau plat, très élégant avec ses bronzes

Appartement de la Dauphine; boiseries en vernis Martin vert dont nous voyons un détail ci-dessous.

ciselés, fut exécuté par Bernard van Riesen Burgh vers 1745 pour le Grand Cabinet. Ce dernier était l'un des trois ébénistes d'origine hollandaise de la même famille, et portant le même prénom, signant des meubles ayant marqué le goût du XVIIIe siècle français de l'estampille B.V.R.B.

Dans la bibliothèque, dessus-de-porte de Vernet et belle commode en vernis Martin de Gilles Joubert (1689-1775).

Le Dauphin n'avait qu'un couloir à emprunter pour aller de sa bibliothèque, ou de son Cabinet d'angle à la chambre de son épouse. Cependant la première antichambre est à l'autre bout de l'appartement qui comporte quatre pièces.

La première antichambre conserve un portrait de Louis XV à l'âge de six ans, par Rigaud, en costume de sacre chargé d'hermine et de fleurs de lys. Un seconde antichambre est ornée d'un tableau de Louis XV par Van Loo; elle a perdu sa belle décoration d'origine tout comme la pièce suivante: le Grand Cabinet, dont les boiseries étaient dues à Verberckt. La chambre a conservé ses belles boiseries de l'atelier de Verberckt. Dans cette chambre naquirent les trois derniers rois de France: Louis XVI (1754), Louis XVIII (1755) et Charles X (1757).

L'APPARTEMENT DU REZ-DE-CHAUSSÉE
DE MARIE-ANTOINETTE

Ancien appartement de Madame Sophie et de Madame Louise, ces pièces sont situées sous le salon de l'Œil-de-Bœuf, sous la Chambre du Roi et le Cabinet du Conseil; elles donnent directement sur la Cour de Marbre.

Dans la plupart de ses décisions, la reine, au caractère frivole et influençable semble avoir suivi son caprice et les suggestions de son cercle restreint d'amis. Il faut rappeler qu'elle arriva en France à quinze ans et devint reine d'un grand et beau pays, le plus puissant de la chrétienté, à l'âge de dix-neuf ans! Malheureusement pour elle, elle ne sut montrer de la grandeur qu'au moment de sa chute.

Sur un coup de tête, en 1782, à la mort de Madame Sophie, elle décide de prendre pour elle ce minuscule appartement, que la situation sur la Cour de Marbre nous inviterait à nommer "pied-à-terre". L'ensemble sera vert. Damas vert pour le lit, pour les portes, pour les armoires de la bibliothèque héritée de Madame Sophie.

Bientôt une porte-fenêtre s'ouvre sur la Cour de Marbre, à la place d'une simple fenêtre.

Nouveaux projets: elle veut faire démolir l'ancienne bibliothèque de Madame Sophie. Ses ordres doivent être exécutés immédiatement. A la place de la bibliothèque elle prétend faire installer des miroirs pour donner plus de lumière à la pièce. Jean-François Heurtier (1739-1822) reçoit les ordres de la reine concernant la bibliothèque incriminée et... le contre-ordre à peine les premiers travaux sont-ils commencés.

Mais ces travaux pour son petit appartement sur la Cour de Marbre seront les derniers qu'elle envisagera...

Chambre de Marie-Antoinette dans son appartement du rez-de-chaussée donnant sur la cour de marbre.

Ci-dessus, grand salon de Madame Victoire. *Ci-contre, grand cabinet d'angle et Salon des Nobles.*

LES APPARTEMENTS DE MESDAMES

Louis XV eut dix enfants de son épouse Marie Leszczynska, dont huit filles. Cela faisait pas mal de monde à loger surtout si l'on considère le personnel et la petite cour qui entouraient les membres de la famille royale. Les trois premières filles - Louise-Elisabeth, Henriette et Adélaïde - restèrent à Versailles mais on envoya les quatre plus jeunes faire leur éducatioin à l'Abbaye de Fontevrault. L'une d'elles, Madame Sixième, y mourra, en 1744, à l'âge de huit ans. En 1739, Louise-Elisabeth épouse un Infant d'Espagne et quitte le château où restaient alors ses deux sœurs, Madame Henriette et Madame Adélaïde. Après leur petite enfance passée dans les appartements des Enfants de France situés dans l'Aile du Midi, elles occupent l'appartement du Dauphin en rez-de-chaussée dans le corps central, face au Parterre du Midi, où le roi, qui aimait beaucoup sa famille, leur rendait visite.

En 1748, Madame Victoire rentra de Fontevrault suivie, deux ans après, par ses sœurs Sophie et Louise. En

1752 c'est Hernriette qui meurt et Madame Adélaïde demande à changer d'appartement, et sera logée dans quelques pièces regardant le Parterre du Nord.

Après plusieurs déplacements dans le château, les filles de Louis XV occuperont peu à peu cette partie du rez-de-chaussée à la place de l'ancien Appartement des Bains de Louis XIV.

Elles étendront leurs appartements jusqu'à la Petite Cour du Roi que l'on appellera Cour de Mesdames et jusqu'à la Cour aux Cerfs transformée en partie en jardin avec fontaines et rocailles.

A présent, les appartements de Madame Victoire et de Madame Adélaïde ont été restaurés avec soin, en cherchant à leur rendre la physionomie qu'ils avaient avant les différents remaniements opérés plus tard par Louis-Philippe. Malheureusement, les meubles de l'époque n'ont pu être remis en place, ils ont été dispersés à la Révolution.

En 1768 Louis XV voulant offrir à sa nouvelle favorite,

Madame du Barry, un bel appartement, demande à sa fille aînée de lui céder celui qu'elle occupe au premier étage. Elle rejoint alors ses sœurs au rez-de-chaussée et, en qualité d'aînée, prend le meilleur appartement, bousculant un peu Madame Victoire qui y était établie, entraînant des travaux très importants pour loger "selon leur rang" Mesdames Sophie et Louise. Pour cela on va utiliser la Galerie-Basse.

On est surpris de ces changements continuels, de ces réfections, transformations, qui durent coûter des sommes énormes. Madame Adélaïde possède alors deux antichambres, un Grand Cabinet, une chambre, un cabinet intérieur et une bibliothèque. Quelques souvenirs de cette fille de Louis XV y sont conservés, par exemple un bel orgue.

L'Escalier Louis-Philippe - Construit par Louis-Philippe, et bien modeste malgré son nom qui laisserait espérer de vastes perrons, des rampes chargées de trophées d'armes et d'imposantes marches... martiales, il remplace l'Escalier des Ambassadeurs de Louis XV qui fut l'une des plus belles réalisations architectoniques du palais. Cet escalier avait été construit sur les dessins de Mansart et Charles Le Brun de 1674 à 1678.

Tout en marbre polychrome, onze marches d'un degré à pans de marbre rouge conduisaient à un repos orné

Ci-contre, appartement de Madame Adélaïde: commode en ébène et bronzes dorés de la chambre.

En bas, bibliothèque ou cabinet intérieur avec une bergère estampillée Pothier et l'orgue ayant appartenu à Madame Adélaïde.

d'une magnifique fontaine constituée d'une vasque de même marbre soutenue par deux dauphins en bronze doré. Surmontant la fontaine, un groupe de marbre blanc offert par un prince de la famille Albani. Deux volées de vingt-et-une marches montaient aux paliers du premier étage où s'ouvraient les portes sculptées par Caffiéri donnant sur les Salons de Diane et de Vénus. Au plafond, un vitrage donnait de la lumière à l'ouvrage; les voussures étaient merveilleusement peintes par Le Brun tandis que les parois du premier étage étaient peintes, entre des pilastres de marbre rouge à chapiteaux de bronze doré, de personnages des "Quatre parties du monde" par Van der Meulen. En 1750, Louis XV devait commencer à démonter pièce à pièce ce magnifique ouvrage. Le médiocre escalier actuel accentue notre regret d'une telle perte.

La *Salle des Hoquetons* était à l'origine la Salle des Gardes de la Prévôté de l'Hôtel. Elle tire son nom du *hoqueton*, vêtement à manches courtes descendant jusqu'au genou porté par les gardes du palais.

Le rôle de ces derniers était de maintenir l'ordre et on imagine quelle devait être leur besogne dans le vaste chaos versaillais; aussi leur prestige était-il grand. Leur hoqueton était rouge vif, bleu et blanc et ils portaient une massue servant parfois à calmer une échauffourée ou à dissuader quelque malandrin.

L'Escalier Louis-Philippe.

La Salle des Hoquetons.

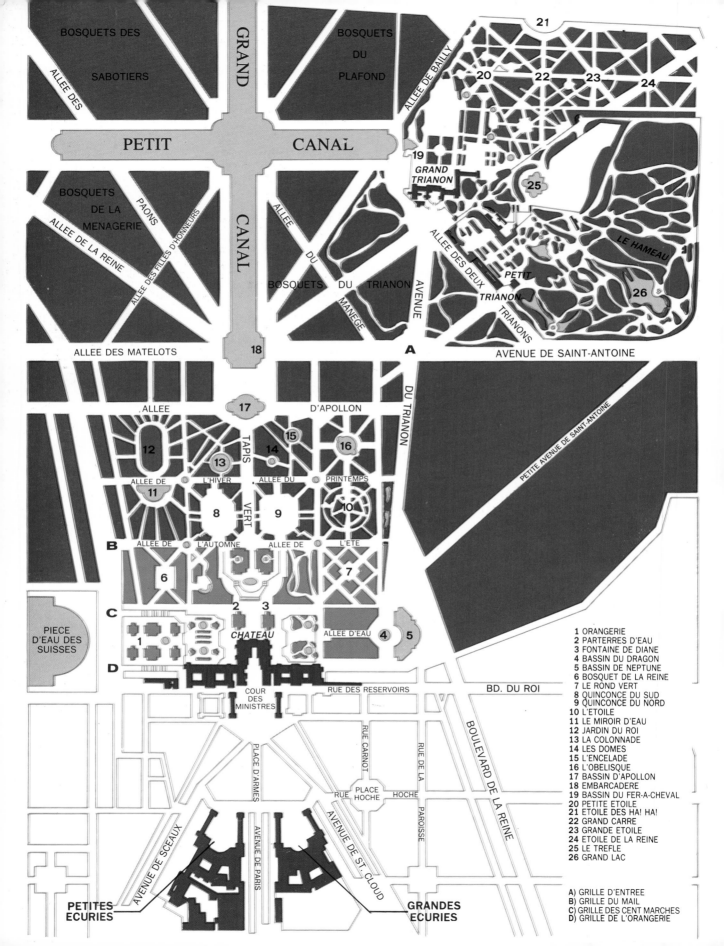

GRAND CANAL

PETIT CANAL

BOSQUETS DES SABOTIERS

ALLEE DES

BOSQUETS DU PLAFOND

ALLEE DE BAILLY

21

20 22 23 24

19 GRAND TRIANON

25

LE HAMEAU

BOSQUETS DE LA MENAGERIE

PAONS

ALLEE DE LA REINE

ALLEE DES FILLES D'HONNEURS

ALLEE DU

BOSQUETS DU TRIANON

MANEGE

AVENUE

ALLEE DES DEUX

PETIT TRIANON

TRIANONS

26

ALLEE DES MATELOTS

18

A

AVENUE DE SAINT-ANTOINE

ALLEE 17 D'APOLLON

DU TRIANON

PETITE AVENUE DE SAINT-ANTOINE

15

12 13 14 16

TAPIS

ALLEE DE L'HIVER ALLEE DU PRINTEMPS

11

8 VERT 9 10

B ALLEE DE L'AUTOMNE ALLEE DE L'ETE

6 7

C

PIECE D'EAU DES SUISSES

2 3

CHATEAU

ALLEE D'EAU 4 5

1

D

COUR DES MINISTRES

RUE DES RESERVOIRS

BD. DU ROI

PLACE D'ARMES

RUE CARNOT

RUE DE LA

BOULEVARD DE LA REINE

RUE PLACE HOCHE

HOCHE

PAROISSE

AVENUE DE SCEAUX

AVENUE DE PARIS

AVENUE DE ST. CLOUD

PETITES ECURIES

GRANDES ECURIES

1 ORANGERIE
2 PARTERRES D'EAU
3 FONTAINE DE DIANE
4 BASSIN DU DRAGON
5 BASSIN DE NEPTUNE
6 BOSQUET DE LA REINE
7 LE ROND VERT
8 QUINCONCE DU SUD
9 QUINCONCE DU NORD
10 L'ETOILE
11 LE MIROIR D'EAU
12 JARDIN DU ROI
13 LA COLONNADE
14 LES DOMES
15 L'ENCELADE
16 L'OBELISQUE
17 BASSIN D'APOLLON
18 EMBARCADERE
19 BASSIN DU FER-A-CHEVAL
20 PETITE ETOILE
21 ETOILE DES HA! HA!
22 GRAND CARRE
23 GRANDE ETOILE
24 ETOILE DE LA REINE
25 LE TREFLE
26 GRAND LAC

A) GRILLE D'ENTREE
B) GRILLE DU MAIL
C) GRILLE DES CENT MARCHES
D) GRILLE DE L'ORANGERIE

LES JARDINS

En même temps qu'il commence les travaux du château, Louis XIV pense aux jardins. Le Nôtre, dont il a vu les travaux à Vaux-le-Vicomte, et avec quelle amertume, est appelé pour en dresser les plans. On peut même penser que le parc intéresse le roi plus que le château tant il met de soin à en étudier les projets. Le Nôtre est le dieu des jardins, le secret des belles perspectives lui appartient, il invente, il crée, il remodèle la nature, il distribue l'érable, le hêtre et le charme, taille l'épine blanche, plante le tilleul, trace un bosquet, invente un labyrinthe, passionne le roi par son génie créateur.

Fouquet est en prison, ses biens mis à l'encan pour payer ses dettes en 1665 et le roi en profite pour enlever les objets qui avaient excité sa muette et jalouse admiration lors de la fête du 17 août 1661 qui fut fatale au trop brillant surintendant. Mais il enlève aussi des quantités d'arbrisseaux puisés aux pépinières, c'est ainsi que des quantités d'orangers prendront le chemin de Versailles.

En 1683, c'est le fils de Fouquet qui, à court d'argent, vend au roi les termes de marbre blanc qui ornent à présent les Quinconces du Nord et du Midi. Plus tard, soixante-dix gros marronniers provenant du parc de Vau devaient orner Trianon...

Dès 1664 les jardins servent de cadre à une fête donnée en l'honneur de M.lle de la Vallière qui devait prendre place dans l'histoire: les Plaisirs de l'Ile enchantée.

Cette fête qui vit ballets, illuminations, comédies et musiques sous la baguette de deux autres magiciens, Molière et Lully, sera suivie d'autres, toutes mémorables, en 1668, en 1674, en 1689 et en 1699... Les jardins furent créés, dans l'esprit du roi, pour ces fêtes et pour le plaisir de la promenade. Ils furent plusieurs fois remaniés, ainsi disparaîtra la grotte de Thétys, dont La Fontaine nous parlera dans son style inimitable dans les Amours de Psyché, et le moindre souci ne fut pas celui d'amener de l'eau pour alimenter les 1 400 fontaines et les pièces d'eau! En chiffres, les jardins couvrent environ 100 hectares, s'étendant du château jusqu'à l'Etoile Royale sur une longueur de trois kilomètres, le Grand Canal mesurant à lui seul 1,600 km. Des statues, groupes de bronze et de marbre, on en a perdu le compte et l'on peut dire, comme dans la chanson de Charles Trénet: "C'est un jardin extraordinaire".

Page de gauche, groupe d'enfants des parterres d'eau
devant la façade sur les jardins.
Parterre d'eau, statue d'un dieu fluvial.

Les parterres de broderies toujours fleuris.

Parterre du Midi et l'Orangerie - Ces beaux parterres en broderie ont toujours été l'objet de l'admiration générale. Deux curieuses sculptures nous invitent
à nous en approcher: il s'agit de deux sphinx de marbre
de Louis Lerambert (1620-1670) escaladés par des
enfants de bronze, œuvres de Jacques Sarrazin (1588-
1660). Non loin, des vases de bronze de Ballin et la
statue d'*Ariane endormie* par Van Clève qui semble
rêver à Thésée...
A l'extrémité des parterres on a une vue surprenante
sur l'Orangerie, sur la pièce d'eau des Suisses et, au
loin, sur Satory. Cette Orangerie fut construite par
Hardouin-Mansart en deux ans, à partir de 1684, pour
protéger durant la mauvaise saison les fragiles orangers et lauriers-roses. Autour du large bassin circulaire,
six pelouses de gazon bordées de deux rangées de buis
enserrant des fleurs. En descendant l'un des deux *escaliers des cent marches* on se rend mieux compte de la
masse énorme des bâtiments. Au bas des degrés se
trouvent des piles sur lesquelles sont posées des statues
et de belles grilles.
Au-delà, la pièce d'eau des Suisses qui est ainsi nommée car c'est un régiment de ces gardes qui eut mission
de la creuser. Bien qu'à l'origine ce bassin fût légèrement plus réduit que nous le voyons aujourd'hui, il
s'agissait encore là d'un travail de titans; La pièce
d'eau fait actuellement 282 m de long sur 234 de large.
La terre des déblais fut utilisée pour combler un étang
et servit au Potager du roi.
Au fond, était la statue de Louis XIV exécutée par le
Bernin et que le roi fit placer à cet endroit reculé car à
son avis le personnage représenté ne lui ressemblait
guère et semblait plus chevaucher un percheron qu'un
élégant destrier.

L'Orangerie vue des hauteurs de Satory dans
une peinture du XVIIIe siècle.

Page de droite, aspect actuel de l'Orangerie.
En bas, la pièce d'eau des Suisses.

Les jets d'eau retombant en pluie rafraîchissent Latone et ses enfants au sommet de cette belle fontaine.

Le Parterre de Latone - Ce bassin existait déjà à l'époque du petit château de Louis XIII mais c'est en 1670 qu'on plaça sur un rocher ce groupe élégant de *Latone et ses enfants* sculpté par Balthazar Marsy. L'histoire de Latone selon la mythologie, est pleine de péripéties: en bref, cette fille de Saturne, aimée par Jupiter, fut poursuivie par la jalousie de Junon qui attacha à ses pas le serpent Python; elle mit au monde deux enfants, Apollon et Diane, à l'ombre d'un olivier. Un jour qu'elle se reposait en Carie, des paysans auxquels elle avait demandé de l'eau se moquèrent d'elle; offensée, Latone demanda à Jupiter de la venger, c'est ainsi que les insolents furent changés en batraciens.

En 1689, le bassin fut réaménagé par Hardouin-Mansart et le groupe qui était face au château fut tourné vers la perspective du tapis vert et du grand canal; il est entouré de grenouilles et de tortues et de personnages en plomb bronzé. Plus de 50 jets d'eau animent ce bassin.

Dans les parterres fleuris, à droite et à gauche, les deux *bassins des lézards* par les frères Marsy. Les beaux vases de marbre sont des copies d'exemplaires italiens et d'autres, ceux de *l'enfance de Mars*, ont été exécutés sur des dessins d'Hardouin-Mansart.

A remarquer sur la droite la *Nymphe à la coquille*, copie d'un original de Coysevox aujourd'hui au Louvre..En face, une œuvre non moins célèbre, le *Gladiateur mourant*, copie d'un antique, de Mosnier.

La Colonnade - C'est Hardouin-Mansart qui dessina la colonnade de ce bosquet. Louis XIV, peut-être perplexe par la masse de cette architecture prévue pour orner un simple coin de verdure, demanda son avis à Le Nôtre qui répondit: "Sire, votre Majesté a fait d'un maçon un jardinier, il vous a donné un plat de son métier".

Cependant, malgré les hésitations du roi et de Le Nôtre, nous admirons cette colonnade de marbre polychrome, construite entre 1685 et 1688 formant un cercle de 32 m de diamètre avec 32 colonnes à chapiteaux ioniques s'appuyant sur un même nombre de pilastres placés derrière elles. Chaque arcade formée par la succession des colonnes abrite une vasque de marbre avec jet d'eau.

Au centre était placé *l'Enlèvement de Proserpine,* par François Girardon (1627-1715); cet habile sculpteur alla parfaire son expérience à Rome et devint l'un des meilleurs collaborateurs de Le Brun. On rencontre beaucoup de ses œuvres dans les jardins de Versailles, par exemple le statue de *l'Hiver* dans le parterre du nord, le *bassin de Saturne*, le *bain des nymphes* et surtout *Apollon servi par les nymphes.*

La colonnade servait aussi pour des déjeuners, des soupers et des concerts.

Statues du bosquet des Trois Fontaines.

La Colonnade.

Le Bassin d'Apollon et le Grand canal dans
une peinture de Pierre-Denis Martin (v. 1663-1742).

Le Bassin d'Apollon - Ce bassin dut être particulièrement cher au roi Louis XIV, et combien flatteur. Lui qui depuis 1661 avait solidement établi son pouvoir personnel, s'appuyant sur le "droit divin", et avait pris comme emblème le soleil, devait voir d'un bon œil, Apollon, fils de Jupiter et de Latone, dieu du jour, des Arts, des Lettres, le plus beau et le plus aimable des dieux de la mythologie, conduisant le char du soleil: du *Roi-Soleil*.

Ce groupe magnifique en plomb doré, œuvre de Jean Baptiste Tuby (1635-1700), d'après un dessin de Le Brun, est placé au centre d'un bassin de 110 m dans sa plus grande largeur. Apollon sur son char tiré par quatre chevaux fougueux, sort de l'onde entouré de tritons soufflant dans leurs trompes marines pour annoncer la venue du soleil.

Ce groupe est particulièrement suggestif les jours de Grandes Eaux.

Derrière le bassin d'Apollon, commence le grand canal qui fut creusé sous Louis XIV en un peu plus de dix ans. Ce beau plan d'eau qui couvre une superficie de 23 ha vit se dérouler sur ses berges de nombreuses fêtes et quand la Sérénissime République envoya plusieurs gondoles, en 1687, le canal dut prendre parfois un petit air vénitien assez inattendu. À présent, on peut y faire du canotage et c'est un bon terrain d'entraînement pour les adeptes de l'aviron.

Non loin du bassin d'Apollon, sur la droite, la Fontaine de l'Encelade. Un titan, écrasé par les roches de l'Olympe qu'il tentait d'escalader, s'abîme dans les eaux; l'expression est particulièrement suggestive et la main gauche du géant qui s'accroche en vain aux pierres, impressionnante. Il crache un jet d'eau puissant de 23 m de haut.

Dans le bosquet suivant *l'Obélisque* formé de 230 jets d'eau dont le sommet s'élève à 25 m du sol.

En vous promenant vous arriverez aussi devant le bassin de Flore, représentant *le Printemps*, de Tuby, où la déesse allongée parmi les fleurs est entourée d'anges jouant entre eux.

Le bassin de Cérès, octogonal, possède un groupe de Regnaudin; la déesse reposant sur sa moisson a le visage tourné vers le ciel auquel elle semble offrir les richesses de la terre.

Apollon sur son char surgissant des flots entouré de tritons et de dauphins.

La Terrasse et le Parterre du Nord - Le corps central de la façade s'appuie sur une terrasse dominant les jardins d'où l'on jouit d'une vue admirable sur l'œuvre de Le Nôtre.

Délimitant la terrasse, deux beaux vases en marbre, le *vase de la Paix* par Tuby et son pendant, le *vase de la Guerre* par Coysevox, sont placés respectivement sous les fenêtres des salons de la Paix et de la Guerre.

Au pied des quelques degrés conduisant aux jardins s'étendent deux larges parterres d'eau, exécutés sur des dessins de Le Brun, aux bords garnis d'élégantes statues de dieux fluviaux.

Face à l'aile du nord, de beaux parterres dessinés par Le Nôtre, non plus de broderies comme au midi mais composés de buis alignant les gracieuses arabesques des plates-bandes fleuries. Nous remarquerons comme

au Parterre du Midi les vases de Ballin et une *Vénus accroupie* de Coysevox. Indifférentes à tant de pudicité, dans le *Bassin des Couronnes* les sirènes de Tuby et de Le Hongre s'ébattent joyeusement en compagnie de tritons.

Au bout des parterres, la *Fontaine de la Pyramide*, de Giraudon sur une idée de Le Brun. Cette fontaine, toute frémissante des eaux qui tombent en cascade de l'urne qui surplombe ses quatre vasques superposées, est ornée de sculptures en plomb représentant des tritons, des dauphins et des écrevisses. Les jeunes tritons de la première vasque sont particulièrement sympathiques et semblent soutenir sans effort le poids des dauphins ornant la vasque qui les surplombe. De cette fontaine on a une belle vue sur la perspective de la Fontaine de Cérès et de Flore.

Les jardins de Versailles vus du côté du Parterre Nord, par Etienne Allegrain (1653-1736). Au bas du tableau, Louis XIV entouré de la cour.

Page de droite, la façade vue du Parterre Nord, au-dessous, la Fontaine de la Pyramide.

L'une des vingt-deux vasques de l'Allée des Marmousets.

La Gloire présentant un médaillon à l'effigie de Louis XIV. A ses pieds, l'Envie.

Page de droite, le bassin de Neptune.

Le Bassin de Neptune - Louis XIV avait dit "je veux de l'enfance partout". On peut s'apercevoir que l'ordre royal a été heureusement exécuté dans tout le parc où les groupes mythologiques, les antiques, les vases sont toujours accompagnés d'enfants rieurs et espiègles. L'*Allée des Marmousets* en est une nouvelle démonstration. Claude Perrault imagina ce décor disposant vingt-deux bassins ronds en marbre blanc au centre desquels se tenaient trois petits garçons - les marmousets - en bronze, soutenant une vasque en marbre rose du Languedoc.

Plusieurs sculpteurs furent mis à l'ouvrage pour l'exécution de ces délicieux chefs-d'œuvre: Le Gros, Le Hongre, Lerambert, Mazaline, Buirette et il est intéressant de noter la diversité des styles dans le traitement des personnages. Ces trois petits satyres de Le Gros sont des miracles de gentillesse: la finesse des petites mains potelées, les cheveux bouclés bien rangés, et les

pattes velues aux forts sabots... Mais que dire des enfants musiciens de Lerambert? des deux amours avec une petite fille de Le Hongre? Nous sommes assurément dans l'une des allées les plus charmantes de Versailles.

Nos petits amis sont aussi bien braves car il ne craignent apparemment pas les voisinage du *dragon* qui évolue dans son bassin rond, plus bas. Il est vrai que des amours montés sur des cygnes menacent de flécher le terrible animal! Derrière, le *Bassin de Neptune* qui fit œuvrer, de 1679 à 1684, Le Nôtre, Hardouin-Mansart et Le Brun. Il fut repris en main par Gabriel qui y plaça les grands groupes qui en font l'ornement et dans lesquels on peut reconnaître *Neptune et Amphitrite* par Sigisbert Adam, le *dieu Océan* sur un monstre marin par Lemoyne. Lors des Grandes Eaux le bassin de Neptune offre l'un des plus beaux spectacles de ce jardin.

LE GRAND TRIANON

Au fond du parc, caché derrière les hautes futaies royales, se dresse le Grand Trianon dont les terres et le village, du nom de Trianon, furent achetés par Louis XIV soucieux d'agrandir son domaine. En 1670, il demanda à Le Vau d'élever un pavillon qui prit le nom de Trianon de Porcelaine, à cause de son revêtement extérieur en carreaux bleus et blancs de faïence exécutés à Delft, Nevers, Rouen et Lisieux. Une aussi fragile construction exposée aux intempéries devait rapidement s'altérer et son entretien devint fort coûteux; d'autre part, ses dimensions réduites devaient paraître bien mesquines au Roi Soleil. Il fut décidé de le substituer par un pavillon de marbre et c'est Hardouin-Mansart qui fut chargé d'entreprendre les tra-

vaux, en 1687. Robert de Cotte y mit aussi la main, élevant le péristyle qui servit de salle à manger estivale au roi et peu à peu la construction s'agrandit.
Il s'agit à présent d'un édifice à un étage couronné d'une balustrade à l'italienne, dont la façade est ornée de beaux pilastres en marbre rose du Languedoc aux chapiteaux ioniques.
Jussieu et Richard aménagèrent un jardin botanique pour Louis XV, plus tard une ferme fut installée sur le domaine, mais ce roi ne vint pas souvent au Grand Trianon qui fut habité un temps par le tsar Pierre le Grand et par les beaux-parents du roi. Bientôt naquit le Petit Trianon et son frère aîné fut délaissé. Il n'attira pas non plus les soins de Louis XVI et

il faudra attendre Napoléon pour voir revivre le Grand Trianon.
En 1805 commencèrent quelques premières restaurations, puis en 1810 l'empereur y mena souvent Marie-Louise qui s'y plaisait. Louis-Philippe y fit exécuter quelques travaux sous la direction de l'architecte Charles Nepveu (1777-1861); la reine Marie-Amélie y logea avec la sœur de Louis-Philippe, Madame Adélaïde; en 1845 on y reçut les souverains de Belgique, la reine étant la fille de Louis-Philippe.
De 1963 à 1966 le Général de Gaulle en fit faire une restauration et un réaménagement total afin que ce palais serve de résidence aux chefs d'Etat étrangers en visite et pour quelques réceptions officielles de la République.

Suite de salons conduisant au boudoir.

Ci-contre, le boudoir.

Le Boudoir - Une fois passé les trois premières pièces d'entrée où l'on peut voir un buste de Napoléon, différentes peintures de Houasse provenant d'autres pièces du palais et plusieurs vues de châteaux de Denis Martin, on longe une galerie dans laquelle sont exposées des gravures représentant les campagnes de Louis XIV, avant d'arriver à un petit salon d'angle qui servait de boudoir à l'impératrice Marie-Louise. Le bureau "en arc de triomphe" en acajou avec de beaux bronzes, appartenait à Joséphine, première femme de l'Empereur. Il fut installé à Trianon en 1809, après le divorce. Les sièges furent commandés pour Pauline Bonaparte. L'ensemble a un aspect de quiétude et de discrète aisance.
L'appartement aménagé pour les chefs d'Etat étrangers commence à gauche et ne se visite pas; à droite, les appartements historiques.

Le Salon des glaces.

Le Salon des Glaces - Cette pièce d'angle est bien éclairée par la présence de hautes baies et par les miroirs qui lui donnent son nom. La corniche des enfants symbolisant la guerre et la paix nous permet de reconnaître la main de Louis XIV dans ce décor; en effet cette salle lui servait de Cabinet du Conseil. Le Grand Dauphin l'utilisera lui aussi en 1703. Louis XV la transforma et Louis XVI en fit, lui aussi, son Cabinet du Conseil. La mère de Napoléon y installa son Grand Cabinet et plus tard Marie-Louise, avant qu'il ne retourne à sa première destination de Cabinet du Conseil pour Louis-Philippe en 1830. Les lampas bleus des fenêtres et des miroirs furent choisis pour Compiègne par Marie-Antoinette qui n'eut pas le temps de les voir puisqu'ils ne furent installés que sous Napoléon, en même temps que les deux consoles en acajou orné de bronzes ciselés et les guéridons, de Jacob-Desmalter. Une athénienne ronde présente un plateau taillé dans une pierre tombale. Les tables et le *pianoforte* furent commandés pour Marie-Louise en 1810.

La chambre de Marie-Louise avec son service à
thé en porcelaine de Sèvres.

Page de droite, vue de la chambre de
Marie-Louise sous un autre angle.

La Chambre à Coucher - Cette pièce servit de chambre à coucher à Louis XIV, puis à son fils, le Grand Dauphin en 1705, avant de devenir en 1810 celle de l'impératrice Marie-Louise, seconde épouse de Napoléon Ier. En 1805, un mur de refend qui existait à l'époque de Louis XIV et avait été par la suite abattu, fut rétabli, à la hauteur des colonnes; il fut de nouveau supprimé en 1950. Le balustre de l'alcôve fut exécutée en 1810 par Marcion, ébéniste qui faisait partie de ce groupe d'artisans de qualité recrutés pour le Garde-Meuble. La console à double face est des ébénistes Jacob-Desmalter. Le service à thé en Sèvres est celui de Marie-Louise. Le lit que nous pouvons voir dans cette pièce avait été commandé par Napoléon pour les Tuileries; c'est dans celui-ci que mourut le roi Louis XVIII

en 1824. Louis-Philippe y fit apposer son chiffre et le fit transporter à Trianon. La commode, de Charles X, qui la fit acheter, en 1827; elle est de Werner, ébéniste et menuisier, et Guillaume Dernière, bronzier, l'un des principaux fournisseurs du Garde-Meuble sous Louis-Philippe et Napoléon III. Sur les coffres à linge Empire de part et d'autre du lit, les chiffres de Marie-Amélie, reine des Français, épouse de Louis-Philippe. C'est une belle pièce possédant, outre ces souvenirs, de beaux vases de Sèvres, des peintures intéressantes et un magnifique tapis aux tons clairs.
Signalons que tous les tapis sont des copies d'anciens dont nous avons perdu la trace, sauf pour celui qui ornait le Salon des Glaces et qui est à l'Ambassade de France à Washington.

La première antichambre ou Salon des Seigneurs.

Vestibule du côté du péristyle pavé de marbre noir et blanc.

L'Antichambre de la Chapelle - Cette pièce est ainsi nommée car elle servit de chapelle à partir de 1687. Dans la frise située sous la corniche on peut voir des épis de blé et des grappes de raisin représentant le pain et le vin de la communion. L'autel était situé face aux fenêtres.

En 1805 Napoléon la fit transformer en salle à manger pour sa mère et en 1810 cette pièce devint le premier salon de Marie-Louise et, plus tard, de Marie-Amélie. Deux grandes toiles représentent les évangélistes Marc, au-dessus de la cheminée, et Luc. Le guéridon décoré des signes du zodiaque placé au centre est de Martin et fut exécuté pour cette pièce en 1811. Les sièges sont de Jacob-Desmalter et de Marcion. D'autres tableaux, de beaux vases, un tapis aux tons jaune d'or complètent le mobilier de cette salle.

La Première Antichambre - Cette antichambre, appelée Salon des Seigneurs sous Louis XIV, fut réalisée en 1692. Comme les autres pièces du château elle changea plusieurs fois de destination et fut le Salon des Huissiers de Marie-Amélie en 1836.

Le décor des murs est celui d'origine; un trophée d'armes court le long de la corniche. Le beau tableau, au-dessus de la cheminée, est une reproduction de Mignard exécutée par Delutel. On y voit un occupant du Grand Trianon, le Grand Dauphin, fils de Louis XIV, et sa famille: sa femme Marie-Anne de Bavière; le duc de Bourgogne, à droite, sera le père de Louis XV et l'enfant assis sur un coussin, le duc d'Anjou, deviendra roi d'Espagne en 1700; un autre enfant, le petit duc de Berry, est sur les genoux de sa mère. Les trois enfants, comme leur père, portent le grand cordon bleu de l'Ordre du Saint-Esprit, créé par Henri III en 1578. Portraits de Louis XV et de Marie Leszczynska d'après Van Loo. A remarquer une table dont le plateau est constitué d'un seul disque de teck de 2,76 m de diamètre, exécutée par Félix Rémond en 1823.

Après la visite de cette pièce on passe sous le péristyle. A l'époque où Napoléon habitait le château avec sa nouvelle épouse, Marie-Louise, le péristyle fut fermé avec des vitrages qui furent enlevés en 1910. On passe alors dans l'aile gauche.

Le Salon Rond - Cette antichambre a surtout de remarquable son magnifique pavement de marbre polychrome formant une étoile. Au-dessus de la cheminée, *Borée enlevant Orythie* de Verdier; sur une autre toile de ce même peintre figurent *Junon et Thétis*. Les dessus-de-porte sont de François Alexandre Desport (1661-1743).

Le Salon des Officiers - Cette pièce servit de salon de musique après 1691. On voit encore les portes de la tribune des musiciens en haut des boiseries. Antichambre du roi sous Louis XV, elle devint Salon des Officiers sous Napoléon. Louis-Philippe en fit un salon de billard. Dans le mobilier qui date de Napoléon on remarquera les beaux sièges à dossier droit et surtout la table en bronze vert recouverte d'un plateau en granit des Vosges de même couleur. Sur une console entre deux vases dorés, une curieuse pendule en "Colonne Trajane", en biscuit de Sèvres, dont les médaillons sont peints des signes du zodiaque. Entre des candélabres, une fontaine à thé.

Le Salon des Malachites - C'est le tsar Alexandre Ier qui offrit à Napoléon la précieuse malachite dont Jacob-Desmalter fit des dessus de meubles et une grande vasque pour les Tuileries en 1809, installés ici en 1811. Ancien Cabinet du Couchant de Louis XIV, c'est le seul salon du grand Trianon possédant des boiseries agrémentées de dorures, exécutées en 1699 par Lassurance. Les peintures de Charles de Lafosse *Apollon et*

Thétis et *Clytie changée en tournesol* en dessus-de-porte sont de la même époque.
L'ensemble du mobilier est typique du décor Empire; sièges de Jacob-Desmalter, cabinet en ébène et bronze doré.

Le Salon Frais - C'est à l'époque de Napoléon que ce salon devint cabinet du Conseil. Charles X y tint son dernier conseil des ministres, en juillet 1830, juste avant de partir pour Rambouillet et l'exil.
Les meubles sont ceux du temps de Napoléon: meuble serre-papiers, de Jacob-Desmalter, pliants recouverts de tapisseries de Beauvais, régulateur et thermomètre. Les peintures sont des vues de Versailles de J.-B. Martin et, au-dessus de la cheminée, *Vertumne et Pomone* de Bertin.
Le *Salon des Sources* tire son nom du Jardin des Sources, aujourd'hui disparu, sur lequel il ouvrait. Il possède lui aussi de belles toiles de J.-B. Martin, de Chastelain, de Houasse et de l'école de Monnoyer (pour les tableaux de fleurs).

Le Salon des Officiers.

La galerie.

La Galerie - Cette longue galerie édifiée par Mansart a gardé sa décoration originelle; onze grandes portes donnent sur le jardin faisant pénétrer une belle lumière. De fausses fenêtres sont décorées de bas-reliefs représentant des enfants et sont de François Lespingola (1644-1705). Tabourets, consoles sont du premier Empire, ainsi que les lustres en cristal provenant de la Manufacture du Mont Cenis, réalisés spécialement pour cette salle.

Deux rafraîchissoirs en marbre du Languedoc, surmontés d'une plaisante décoration de canards dans des roseaux ont été placés ici à l'époque de Louis-Philippe quand cette galerie servait de salle à manger; toutefois ils avaient été faits en 1750 pour la Salle des Buffets.

Les peintures entre les fenêtres représentant les jardins de Versailles avaient été commandées par Louis XIV.
On peut voir 21 toiles de Jean Cotelle le Jeune (1642-1708), portraitiste et miniaturiste du roi qui a peint pour nous les jardins de Versailles au XVIIe siècle. Certaines de ses toiles s'ornent de personnages mythologiques. Etienne Allegrain (1644-1736) est l'auteur de deux autres toiles de cette galerie; son style s'apparente à celui de Nicolas Poussin. Enfin, une toile de Jean-Baptiste Martin (1659-1735) dit *Martin des Batailles*, ayant reçu le titre de peintre des conquêtes du roi et la direction des Gobelins en 1690. Il a fait aussi différentes vues du château et du parc de Versailles.

Château et jardins de Versailles vus du bassin de Neptune par Jean-Baptiste Martin (1659-1735). Au loin, la pièce d'eau des Suisses et les hauteurs de Satory.

Le Salon des Jardins

Page de droite, le bureau de Napoléon.

Le Salon des Jardins - Au bout de la Galerie se trouve le *Salon des Jardins* qui possède une belle décoration de Lespingola. Trois peintures de Crépin ornent ses murs: *la Pêche*, *la Chasse* et *le Torrent*. Comme dans les autres salons, un beau tapis recouvre le parquet; les sièges datent de l'Empire, les guéridons étaient dans la laiterie du Petit Trianon. Sur la gauche, de magnifiques vases du Japon.

Le bureau de Napoléon - Deux pièces, en particulier, nous remettent en mémoire la grande figure de Napoléon: son bureau et sa chambre. A la fin du règne de Louis XIV cette pièce servit de chambre à Madame de Maintenon; de cette époque datent les tableaux qui ornent cette pièce décorée, pour le reste, en style Empire. Les grands panneaux de damas vert, brodés d'une frise de palmettes d'or, la couverture des sièges sont en élé-gante harmonie avec le vaste tapis qui recouvre le sol. La cheminée est typiquement Empire alors que la plupart des autres cheminées du château, avec leurs hauts linteaux, datent de l'époque de Louis-Philippe.

La table est recouverte d'un plateau de marbre polychrome et présente un élégant piètement napoléonien "retour d'Égypte".

Le porte-documents est de Jacob-Desmalter; on remarquera aussi les deux beaux vases de Sèvres et, sur la cheminée, la pendule qui scandait les heures laborieuses de l'Empereur.

Même si Napoléon, occupé à parcourir les routes de toute l'Europe, entraînant avec lui tout ce que le pays possédait d'hommes valides, ne dut pas avoir beaucoup le temps de travailler dans ce bureau, nous pouvons imaginer que ces parois furent les témoins de plus d'un secret d'Etat.

Page de gauche, la chambre de Napoléon.　　　　　　　　　　　　*Vue du Grand Trianon au XVIIᵉ siècle.*

La chambre de Napoléon - C'est dans cette chambre que Napoléon vint se réfugier après son divorce en 1809. Elle a conservé les boiseries et la cheminée du temps de Louis XV. Les belles étoffes qui ornent le lit et les tentures, en moire de couleur chamois avec des bordures lilas et argent, avaient été exécutées pour la chambre de Joséphine aux Tuileries. L'Empereur, contraint au divorce par la raison d'Etat, dut avoir des réflexions amères dans ce décor qui devait lui rappeler les moments de bonheur avec sa chère Joséphine. Le mobilier, qui est celui du séjour de l'Empereur, est typique du style de cette époque. Le bureau est de Baudouin tandis que le lit et les sièges viennent des ateliers Jacob-Desmalter, fournisseurs attitrés de Napoléon.

Les Jardins du Grand Trianon - Repassant par la Galerie, on sort sur les jardins, œuvre de Le Nôtre qui modifia l'aspect que leur avait donné son neveu Le Bouteux. Deux bassins agrémentent les beaux parterres fleuris du *Jardin haut.*
On peut descendre dans le *Jardin bas* d'où l'on jouit d'une vue admirable sur le petit bras du Grand Canal. Poursuivant notre flânerie nous gagnons le *Plat-fond d'eau* dans l'axe central du château; de là, nous arrivons à la fontaine du *Buffet d'eau*, de Jules Hardouin-Mansart (1703), au sommet de laquelle figurent Neptune et Amphitrite.
Les jardins du Grand Trianon, très différents de ceux de Versailles, seront recherchés par les amateurs de promenades plaisantes invitant à la rêverie.

LE PETIT TRIANON

Louis XV détestait l'étiquette inaugurée sous le règne de son arrière-grand-père. La marquise de Pompadour eut l'idée, pour lui procurer quelques moments de détente non loin de Versailles, de faire élever dans les environs du Jardin Botanique du Grand Trianon une résidence de dimensions réduites. Ce besoin de vie à la campagne ne se satisfit pas de la construction d'une ferme, de l'installation d'un nouveau parterre, le Jardin français qui s'orna, par les soins de Gabriel, d'un pavillon de belles pierres blanches, en 1750, le Pavillon français, comprenant un grand salon ovale et quatre chambres aux dimensions très réduites. Typiquement classique, il est constitué d'un seul ordre de bossage et couronné d'une balustrade dissimulant le toit sur laquelle sont posés de grands vases et des sculptures d'enfants.

Ce coin de repos n'était cependant pas une demeure habitable, tout juste un couvert pour prendre une colla-tion ou une heure de détente. C'est alors que Jacques-Ange Gabriel dressa les plans d'un nouveau château: le Petit Trianon.

Cet architecte était déjà l'auteur de nombreux édifices et projets d'urbanisme de grande qualité, à Choisy, Fontainebleau, Marly et devait donner encore la mesure de son incomparable talent avec le Petit Trianon, l'Opéra de Versailles et la place Louis-XV, future place de la Concorde. S'insérant parfaitement dans son cadre de verdure, ce délicieux château aux lignes pures fut construit en deux ans, entre 1762 et 1764, et l'achèvement des décorations intérieures et l'ameublement demandèrent encore quatre ans.

Madame de Pompadour mourut en avril 1764 et ne vint pas habiter dans ce refuge qu'elle avait imaginé pour le repos de son royal amant et celui-ci ne devait pas séjourner fréquemment au Petit Trianon, tourmenté par un climat politique dif-ficile et par différents deuils: celui du Dauphin en 1765 et celui de la reine trois ans après. En 1770 la vie de cour connut un nouvel éclat avec l'arrivée de Marie-Antoinette d'Autriche qui épousa l'héritier de la Couronne. Cette gracieuse jeune femme de quinze ans avait envie de se divertir et le roi âgé de soixante ans regardait d'un œil affectueux et bénévole cette jeune personne et son mari de seize ans, un peu balourd, qui serait un jour le 63e roi de France. Il est vrai que ce tableau de famille était parfois agité par les tensions provoquées par Choiseul et par la comtesse du Barry, nouvelle maîtresse du roi et leurs côteries. Enfin, le 10 mai 1774 retentit le fatidique "Messieurs, le roi est mort, vive le roi!" La jeune reine de dix-neuf ans qui aimait les fleurs et la vie simple recevait bientôt le Petit Trianon en cadeau et entreprenait de le remettre au goût du jour, c'est-à-dire à son goût.

Page de gauche, Grand Salon de Compagnie
ou Salon e Musique.
Au-dessous, antichambre avec des boiseries
Louis XV et la pendule de compensation.

Vue de la salle à manger. Sur la cheminée,
buste de la reine Marie-Antoinette.

L'exterieur - Des guérites percées d'un œil de bœuf agré-
menté d'une guirlande de fleurs encadrent la grille d'entrée d'une cour au fond de laquelle se dresse le château,
de plan carré, sur trois niveaux; un soubassement en
bossage, un premier étage et un attique surmonté d'une
balustrade. Sur cette façade quatre pilastres servent au
décor en accentuant l'élan vertical des hautes fenêtres
du premier étage. La façade sud-ouest, donnant sur le
jardin français, ne présente pas de soubassement de
même que la façade nord-est à cause de la différence de
niveau du terrain et possède un portique à quatre
colonnes corinthiennes.

L'interieur - Le vestibule dans lequel on entre est de
plain-pied avec un bel escalier dont la rampe en ferron-
nerie au chiffre de la reine est l'un des plus beaux
exemples de cet art au XVIIIe siècle. La lanterne est de
même époque, bien que placée là plus tard, par l'impératrice Marie-Louise. Le rez-de-chaussée comprend
une salle des gardes, des cuisines que Marie-Antoinette
fit transformer en offices en 1781, un dépôt, une salle

pour l'argenterie et une salle de billard jusqu'en 1784.
Au premier étage une antichambre aux boiseries réalisées par Jacques Verberckt en 1750, provenant d'un
pavillon disparu. Un beau meuble de coin de Riesener
agrémente cette pièce, ainsi qu'une superbe pendule de
compensation de 1787, par Robin, horloger du roi.
Encadrant la fenêtre deux bustes, du roi Louis XVI et
du frère de Marie-Antoinette, Joseph II.
La salle à manger qui avait été modifiée par la reine a
retrouvé l'aspect que lui avait donné Guibert sous
Louis XV. Le vert pâle des lambris, les guirlandes d'or,
les tableaux, donnent à cette pièce un charme incomparable. Au-dessus des portes, nous remarquons *l'Agri-
culture* par Lagrenée, *la Chasse* par Joseph-Marie Vien
(1716-1809), *la Pêche* par Gabriel-François Doyen
(1726-1806) et *la Vendange* par Noël Hallé (1711-1781).
Les dessertes en acajou avec de fines applications de
bronze ciselé sont attribuées à Martin Carlin (1730-
1785), l'ébéniste français formé, comme les deux
grands autres ébénistes du XVIIIe siècle, Riesener et
Leleu, dans l'atelier d'Œben (1710-1763). Les chaises
typiquement Louis XVI, dossiers droits et rectangu-

Boudoir de la reine qui comportait un système de glaces coulissantes pour s'isoler de l'extérieur. Beau mobilier raffiné dans le goût de la reine Marie-Antoinette.

laires, raccordement des pieds ronds cannelés à la ceinture par un cube orné d'une marguerite, sont de Jean-Baptiste-Claude Sené, grand menuisier français; ces sièges ne faisaient toutefois pas partie du mobilier du Petit Trianon. A remarquer un œuf d'autruche monté sur pied en ivoire par Jean-Etienne Lebel pour Madame Adélaïde et deux œufs sur une monture en buis blanc et ébène faisant partie des collections de la Couronne.

A côté de la salle à manger, un petit salon Louis XV transformé par Marie-Antoinette en salon de billard; à noter la belle commode de Riesener et les fauteuils. Nous arrivons dans la chambre de la reine. Le mobilier "Aux Epis", de Jacob, fut livré deux ans avant la Révolution; les tissus sont ceux de l'époque. Dans le cabinet de toilette, le célèbre portrait du Dauphin par Kucharski. Le *Grand salon* ou Salon de musique est sans

doute une des plus belles pièces du Petit Trianon. Marie-Antoinette aimait beaucoup la musique; elle fut l'élève de Grétry et affectionnait en particulier la harpe et le clavecin. De récentes restaurations ont recouvert le beau mobilier d'un tissu damassé à trois couleurs. La table à écrire est de Riesener, les sièges de Séné.

Le 25 août 1793 eut lieu un bal public après la vente à l'encan des objets ayant appartenu à la reine, puis le Directoire loua le Petit Trianon au limonadier Langlos qui le transforma en guinguette avec balançoires. Napoléon y logea sa sœur Pauline Borghèse, puis l'offrit à la nouvelle impératrice Marie-Louise, nièce de Marie-Antoinette. Enfin, en 1867 l'impératrice Eugénie regroupa quelques souvenirs de Marie-Antoinette dans le petit château que celle-ci aimait tant. Ce furent les premiers pas vers une restitution de son histoire au Petit Trianon.

LE THÉÂTRE DE LA REINE

La reine Marie-Antoinette aimait la comédie; une salle provisoire fut installée, en 1776, dans l'ancienne orangerie, située derrière le Petit Trianon et aujourd'hui disparue. Deux ans après, en juin, commencèrent les travaux de ce petit théâtre, travaux qui furent terminés un an après. Toutefois, les premières représentations ne commencèrent qu'en 1780.

La troupe était composée de quelques membres de la famille royale et d'amis; les spectateurs étaient strictement limités à la famille et à son entourage. La reine monta sur les planches de son théâtre une douzaine de fois, abordant des rôles comiques de soubrette, de servante ou de laitière et le 19 août 1785 elle joua le rôle de Rosine dans *le Barbier de Séville* de Beaumarchais mis en musique par Paisiello, avec le comte d'Artois, futur Charles X, dans le rôle de Figaro. L'auteur dirigea lui-même les répétitions et assista au spectacle, assis à côté du roi.

A l'extérieur, il s'agit d'un bâtiment assez modeste, seule la porte d'entrée s'orne de deux colonnes ioniques et d'un fronton triangulaire dans lequel on reconnaît *Apollon enfant tenant une lyre*, œuvre de Deschamps. Dans le vestibule quatre beaux bas-reliefs du même auteur représentant les Muses. Les visages

sont particulièrement gracieux, les mouvements souples donnant une impression de vie tranquille.

L'intérieur, aux couleurs bleu et or, est très richement décoré. Dans la voussure supportant le plafond on remarque un cartouche soutenu par deux personnages, entouré de rayons, portant le monogramme de Marie-Antoinette. Le plafond, peint par Lagrenée est aujourd'hui disparu; on sait qu'il représentait *Apollon entouré des Grâces et des Muses*. De chaque côté de la scène, au rideau bleu frangé d'or, un candélabre formé par un groupe de femmes en carton-pâte doré portant une corne d'abondance. Le manteau d'Arlequin est lui aussi en carton-pâte.

A partir de 1785, la santé du jeune Dauphin s'étant altérée, la cour devint morose; les bals cessent et la reine fermera son théâtre. Les représentants des baillages, venus de leurs lointaines provinces pour la réunion des Etats Généraux du 5 mai 1789 demandent à visiter Trianon et le théâtre dont ils pensent pouvoir dénoncer le luxe effréné qu'une presse mensongère a savamment orchestré; ils repartiront déçus et peu convaincus quand au lieu d'un décor "tout en diamant" on leur montrera une toile vaguement ornée de paillettes.

LE JARDIN

"Aimable Trianon que de transports divers
Vous inspirez aux âmes amoureuses!
J'ai cru voir en entrant sous vos ombrages verts
Le séjour des ombres heureuses".

Ainsi s'exprimait Antoine de Bertin, surnommé "le Properce français" à cause du lyrisme de ses poèmes élégiaques. Mais ne les ressentons-nous pas, nous aussi, ces *transports divers* dans un parc où il semble que la Nature ait voulu rivaliser d'élégance avec l'œuvre des hommes, loin des grandes allées mondaines du château. A chaque tournant on peut imaginer une scène de Watteau, et nos pas nous conduiront forcément à ce *Temple de l'Amour* que la reine Marie-Antoinette pouvait voir des fenêtres de sa chambre. C'est Richard Mique qui, en quelques mois, édifia cette petite construction. Sur un socle circulaire entouré de six marches en pierre fine sont posées douze colonnes

cannelées aux chapiteaux corinthiens, supportant une coupole à l'intérieur orné de caissons. Sous cette coupole *l'Amour taillant ses flèches dans la massue d'Hercule*, copie exécutée par le sculpteur Louis-Philippe Mouchy, d'après un original de Bouchardon qui se trouve au Louvre. Le jardinier planta autour du temple des pommiers d'ornement, des rosiers, des plates-bandes et un grand saule pleureur pour ajouter à la sentimentalité de l'endroit. A l'occasion de certaines fêtes le temple était illuminé de nuit; pour cela on faisait brûler des centaines de fagots dans des tranchées derrière l'édifice. Poursuivant notre promenade on arrivera au Hameau qui se compose aujourd'hui de neuf constructions: la Maison de la reine, la Maison du billard, le Réchauffoir, le Boudoir, le Moulin, la Maison du gardien, le Colombier, la Tour de Marlborough et la Laiterie; la Salle de bal et la Laiterie de préparation ayant disparu.

Le Temple de l'Amour.

Page de droite, le moulin et le hameau.

Illumination du Belvédère au Petit Trianon, le 26 juillet 1781, à l'occasion d'une fête en l'honneur du comte de Provence, futur Louis XVIII. Tableau de Claude-Louis Chatelet (1753-1794).

La Tour de Marlborough nous apparaît de l'autre côté du grand lac, face au Moulin et à la Maison de la reine. Elle servait d'observatoire dans sa partie haute et de pêcherie en bas. Son nom venait de la chanson "Marlborough s'en va-t-en guerre" fredonnée par la nourrice du Dauphin, Madame Poitrine, s'il est des noms prédestinés celui-ci en est un, pour endormir l'enfant royal. Une vie champêtre animait ces lieux et autour de la ferme qui fournissait lait, fromages, œufs, ce n'était que gloussements de poules, mugissements des vaches et du taureau, roucoulements des pigeons, bêlements des dix chèvres et du bouc que la reine avait voulu "...blanc et pas méchant..."

Une belle construction, *le Belvédère*, s'élève sur un léger promontoire, près du petit lac, du rocher et de la Montagne de l'escargot. Entouré de huit sphinx, ce gracieux édifice est plein de charme dans son ensemble et possède des bas-reliefs, exécutés par Deschamps, d'une beauté exceptionnelle; au-dessus des quatre fenêtres: *les Saisons*. Les portes sont surmontées d'une frise de rinceaux et d'un tympan sculpté de trophées champêtres. Sous le couronnement de l'édifice court une légère frise de fleurs et de fruits noués de rubans.

L'intérieur est peint sur stucs, par Le Riche, de cors, fines aiguières, animaux, cages d'oiseaux et, naturellement, bouquets et rubans; quant au plafond, un ciel avec amours, nuages et fleurs. On dit que la reine aimait prendre son déjeuner ici.

Non loin du Belvédère se trouve la grotte où le 5 octobre 1789 Marie-Antoinette lisait tranquillement quand un page essoufflé lui porta la lettre du ministre de la Maison du roi lui annonçant que des émeutiers en armes se dirigeaient sur Versailles.

Elle ne reverra plus ses chères fleurs, ses moutons enrubannés ni son bouc "blanc et pas méchant" et fera face avec courage à la naissance d'une nouvelle époque.